Robert Fisk
Sabra und Schatila

übersetzt von

Jürgen Heiser

Bibliografische Information der Deutschen Bibliothek:

Die Deutsche Bibliothek verzeichnet diese Publikation in der Deutschen Nationalbibliografie; detaillierte bibliografische Daten sind im Internet über http://dnb.ddb.de abrufbar.

First published in the UK in 1990 by

„Terrorists", extract of „Pity the Nation"

Lektorat: Stefan Kraft
Gestaltung: Stefan Kraft
Druck: AZ Druck und Datentechnik GmbH
Printed in Germany
ISBN: 978-3-85371-326-6

Fordern Sie einen Gesamtprospekt des Verlages an:

Promedia Verlag
Wickenburggasse 5/12
A-1080 Wien

E-Mail: promedia@mediashop.at

Internet: www.mediashop.at
www.verlag-promedia.de

Robert Fisk

SABRA UND SCHATILA

Ein Augenzeugenbericht
Libanon 1982

Über den Autor

Robert Fisk wurde 1946 in Maidstone, England geboren. Er berichtete für die britische „Times“ vom Bürgerkrieg in Nordirland, später von der Nelkenrevolution in Portugal und ab 1976 aus dem Libanon. Seit 1989 schreibt er für den Londoner „Independent“, vorwiegend über den Nahen Osten. Fisk sah sowohl den Iran-Irak-Krieg wie auch den ersten und zweiten Golfkrieg als Augenzeuge, dokumentierte die US-Invasion in Afghanistan und interviewte als einer der wenigen westlichen Journalisten Osama bin Laden. Er lebt in Beirut.

Inhaltsverzeichnis

Vorwort

„Presse, sagte ich". Würde man in Robert Fisks Bericht über das Massaker von Sabra und Schatila aus dem Jahr 1982 nach einer Überschrift suchen – es gebe keine passendere. Inmitten der Leichen, die die Mörder erst vor kurzem zurückgelassen haben, inmitten der lebensgefährlichen Situation, als einer der ersten Zeugen am Tatort eines ungeheuerlichen Verbrechens zu sein, inmitten feindlicher Soldaten, die ihn fragen, was er hier eigentlich zu suchen hat, antwortet Robert Fisk mit diesem schlichten, eindeutigen Wort: „Presse".

Der libanesische Bürgerkrieg dauerte nach offizieller Geschichtsschreibung von 1975 bis 1990. Als der britische Journalist Robert Fisk 1976 ins Land kam, um von den Geschehnissen zu berichten, breitete sich ihm in diesem kleinen Land von gerade mal 10.000 Quadratkilometern nicht nur ein Panoptikum der politischen Umwälzungen im arabischen Raum aus, sondern auch ein Mikrokosmos der Weltpolitik. Die Ausläufer der antikolonialen Revolution hatten ihre spezifische Entsprechung in einer Nation gefunden, deren innere Widersprüche viel zu groß waren, um nicht in einen bewaffneten Konflikt überzugehen. Die Spannungen zwischen den von der ehemaligen französischen Kolonialmacht protegierten christlichen Maroniten und ihren pro-westlichen politischen Parteien, und den arabischen Nationalisten, hinter der sich ein Teil der muslimischen Bevölkerung versammelte, hätten dazu schon völlig ausgereicht. Bereits 1958 war die US-Armee eingeschritten, als es galt, die libanesische Regierung gegen die Nasseristen[1] zu verteidigen. Doch mit der blutigen Vertreibung der Palästinenser aus Jordanien im „Schwarzen September" 1970 kam im Libanon eine neue, bewaffnete Kraft auf der Linken hinzu, die das pro-westliche Regime

1 Panarabische Sozialisten, die sich am ehemaligen ägyptischen Präsidenten Gamal Abdel Nasser (1918-1970) und seiner panarabischen Politik orientierten.

nun ernsthaft bedrohte. Ein breites Bündnis aus Kommunisten, Drusen, Nasseristen, Baathisten[2] und palästinensischen Organisationen kämpfte gegen die rechtsgerichteten christlichen Milizen und konnte anfangs weite Teile des Libanon unter seine Kontrolle bringen. Fisk, der während des Bürgerkriegs von einer Front zur anderen reiste, traute ihnen aber nicht zu, Stabilität in ihre „befreiten Gebiete" zu bringen und die Staatsmacht zu übernehmen. Er sollte Recht behalten. Syrien intervenierte 1976 an der Seite der maronitischen Milizen, obwohl pro-syrische Verbände gemeinsam mit den Palästinensern kämpften – doch ein Umsturz im Libanon war dem syrischen Regime zu gefährlich. Später begann es auch im eigenen Land zu brodeln: Im Februar 1982 bombardierte die syrische Armee die Stadt Hama, eine Hochburg der Muslimbruderschaft, die dem Regime von Syriens Präsident Hafez al-Assad feindlich gegenüberstand. (Robert Fisk dokumentierte diesen Angriff, der tausende Tote hinterließ, vor Ort – ein Erlebnis, das ihn ebenso wie die Ereignisse von Sabra und Schatila prägen sollte.)

Zu den Kriegsparteien im Libanon kam ab 1978 eine neue hinzu. Israel besetzte Teile im Süden des Landes und ließ dort ihren Verbündeten, den christlichen Freischärlern, freie Hand im Kampf gegen die Palästinenser. Major Saad Haddad, den Fisk nach dem Massaker von Sabra und Schatila persönlich aufsuchte und befragte, wurde einer der wichtigsten Verbündeten der Israelis. Er verließ mit seinen Truppen die reguläre libanesische Armee und bot sich den Israelis als Alliierter an. Seine Südlibanesische Armee (SLA) durfte unter dem Schutz der israelischen Truppen zahlreiche Gräueltaten durchführen, über die Fisk immer wieder im Laufe seiner Korrespondenten-Tätigkeit berichtete. Als weiterer enger Mitstreiter Israels fungierte die sogenannte Phalange (auch „Kata'ib" bezeichnet). Der Name „Phalange" erinnert nicht zufällig an die faschistische Bewegung: Ihr

2 Anhänger der Baath-Parteien in Syrien und dem Irak, eher säkular und panarabisch ausgerichtet.

Gründer, Pierre Gemayel, hatte sie 1936 nach dem Vorbild der nationalsozialistischen Organisationen gegründet, die er bei den Olympischen Spielen in Berlin kennen- und bewundern lernte.

Der Gemayel-Clan und die Phalange führten das Bündnis all jener an, die die alten Machtverhältnisse im Libanon beibehalten und die palästinensischen Störenfriede mit Israels Hilfe entfernen wollten. Zum großen Schlag holten sie aus, als am 14. September 1982 Bachir Gemayel, der Präsident des Libanon, bei einem Bombenanschlag ums Leben kam. Die Hintergründe des Attentats sind bis heute ungeklärt. Dennoch beschloss die Phalange, sich für den Tod ihres Führers an den Palästinensern, die sie kollektiv verdächtigte, blutig zu rächen.

Den nun folgenden Überfall auf die Flüchtlingslager Sabra und Schatila in West-Beirut hatte Israels Verteidigungsminister Ariel Scharon propagandistisch vorbereitet. Die PLO war nach einer Übereinkunft mit den israelischen Truppen aus der Stadt abgezogen und nach Tunesien verschifft worden. Zurück blieben palästinensische Zivilisten: Familien, die mit viel Glück ihre Vertreibung aus Israel und später aus Jordanien überlebt hatten. Sharon sprach hingegen von über „2.000 Terroristen“, die sich noch in Beirut aufhalten sollten. Und Terroristen musste man bekämpfen.

Robert Fisk ahnte instinktiv, dass nach Bachir Gemayels Tod und Sharons Ankündigungen eine Katastrophe bevorstand. Anfang September 1982 hatte er sich eine Auszeit vom Bürgerkrieg genommen und war nach Irland auf Urlaub gefahren. Als er von den Geschehnissen in Beirut aus der Tageszeitung erfuhr, rief er seinen Chefredakteur bei der „Times“ in London an und berichtete ihm von seinen Vorahnungen. Obwohl der Redakteur nicht überzeugt schien, startete Fisk eine abenteuerliche Reise zurück nach Beirut. Der Flughafen dort war bereits geschlossen – mit viel Glück erreichte er per Taxi von Damaskus aus, quer durch israelische Minenfelder, die Stadt. Am Abend in seiner Wohnung angekommen, beobachtete er die eigenartigen Vorgänge rund um die nahegelegenen palästinensischen Lager: „Ich stand am Balkon und hörte die Kampfflugzeuge, wie sie durch die Dunkelheit über mir rasten. Eines der Flugzeuge schoss eine Leuchtkugel ab, dann noch eine und die trübe Luft über der Stadt wich einem blühenden, goldenen Licht, das sich am Himmel über den Lagern ausbreitete. Ich hätte ein Buch auf meinem Balkon lesen können. Die Leuchtkugeln sanken langsam herunter, fast alle von ihnen fielen auf Sabra."

Während die israelische Armee den Himmel erhellte, ging im Licht der Leuchtspurgeschosse die Phalange ans Werk. Vom Abend des 16. September an metzelten die christlichen Milizionäre ihre wehrlosen Opfer in Sabra und Schatila ab, während die israelische Armee vor den Lagern auf Posten stand. Erst am Samstag, den 18. September, verließ die Phalange gegen acht Uhr in der Früh die Lager. Um neun Uhr traf Robert Fisk mit seinen Kollegen, Karsten Tveit vom norwegischen Radio und Loren Jenkins von der „Washington Post", am Tor von Schatila ein.

Hier setzt Fisks Bericht in diesem Buch an. Sein erster Satz, ebenso erschütternd wie unnachahmlich, lautet: „Die Fliegen verrieten uns, was geschehen war". Im Text folgt ein erster Eindruck des Schauplatzes, ohne dass Fisk noch recht verstehen kann, was eigentlich geschehen war: „Jenkins, Tveit und ich waren so überwältigt von dem, was wir in Schatila vorfanden, dass wir anfangs unfähig waren, unseren eigenen Schock wahrzunehmen." Fisk notiert die Dialoge, die sich zwischen ihm und seinen Kollegen angesichts des Unbeschreiblichen entwickeln, Mutmaßungen über Täter und Hintermänner fallen. Aber er will keineswegs seine notwendigen Recherchen vorwegnehmen und auch nicht das Grauen, das er mit eigenen Augen sieht, in die knappen und unzureichenden Worte einer Nachrichtenmeldung pressen. Stattdessen lässt er den Leser sehen, was *er* sieht – und, noch wichtiger: ihn fühlen, was *er* fühlt, denken, was *er* denkt, während er zwischen den Leichenhaufen durch

Schatila wandert. Ein Kriegskorrespondent, der nicht aus dem Off spricht, sondern in der ersten Person teilnimmt an dem Geschehenen und seine Verstörung und Wut der Weltöffentlichkeit mitteilen muss. Ein Journalist, der auch vielleicht durch seine Anwesenheit am Schauplatz Schlimmeres verhindern kann: Nach seinem ersten erschütternden Rundgang durch das Lager sieht er, wie die wenigen überlebenden Palästinenser von den Milizen in das nahe gelegene Sportstadion abgeführt werden, unter Aufsicht israelischer Soldaten und Geheimdienstagenten. Fisk versucht mit den Gefangenen zu sprechen: „‚Helfen Sie uns', sagte einer der Männer. Ein israelischer Soldat kam herein. Presse, sagte ich."

Der letzte Satz steht, wie im gesamten Text, nicht unter Anführungszeichen. Fisk spricht ihn nicht nur dem Gegenüber in seiner Reportage aus, sondern auch als Aufforderung an sich selbst, als Haltung, die sein Wirken in Sabra und Schatila am 18. September 1982 erklärt. „Presse" meint hier das Gegenteil des „embedded journalist": Den Auftrag, nicht mit dem Eroberer zu paktieren, vielmehr, sich ihm und seinem Kriegszug entgegenzustellen. Fisk sollte diese Haltung neun Jahre später in eine bedrohliche Situation bringen. Als er sich beim ersten Krieg der USA gegen den Irak weigert, in das Korps der embedded journalists in Kuwait einzutreten, wird er von einem Kollegen beim Militär angeschwärzt. Doch Fisk wehrt sich so vehement gegen den Angriff, dass der Kollege das Land verlassen muss.

Auch in Schatila will er solange bleiben, bis er Antworten findet auf seine Fragen nach den Verantwortlichen für das Massaker: „Ich ging zurück auf die Straße. ‚He, Sie – verschwinden Sie!' Ein junger israelischer Offizier kam auf mich zu. Presse, sagte ich. ‚Sie haben keine Erlaubnis, hier zu sein. Verschwinden Sie!' Ich weigerte mich. Ich hatte einfach schon zu viel gesehen." Doch obwohl es offensichtlich ist, dass die christlichen Milizen unter dem Schutz der Israelis ins Lager kamen, erhält Fisk vorläufig nur Ausflüchte der israelischen Soldaten. Er geht nach Hause und schreibt seine

Eindrücke in einem Artikel für die „Times" auf, der Sonntagnachmittag nach London abgeht. Am Montag, den 20. September, berichtet die Zeitung auf der Titelseite über die Gräueltat und veröffentlicht daneben erste Bilder des Massakers. Fisks Text verfehlt seine Wirkung nicht. Gemeinsam mit den anderen Berichten der ersten Reporter vor Ort führt er dazu, dass Israel von einer gewaltigen Welle des Protests erschüttert wird. Über 300.000 Menschen gehen fünf Tage nach dem „Times"-Artikel in Tel Aviv auf die Straße, um die Mitwirkung ihrer Regierung anzuklagen. Ariel Scharon muss als Verteidigungsminister abdanken, doch die Täter der Phalange bleiben ungeschoren.

Dabei ist Fisk nach dem ersten Schock intensiv darum bemüht, die Hintergründe des Massakers offenzulegen. Wie er in seiner Reportage ausführt, reist er sogar zu dem gefürchteten Major Haddad in den Südlibanon, um ihn über die Beteiligung seiner Truppen auszufragen. Er findet israelische Soldaten, die nicht mehr länger über ihre Verantwortung schweigen wollen, er sucht die Massengräber der Ermordeten, er sieht die Filmaufnahmen der ausländischen Fernsehsender durch, er befragt die wenigen Überlebenden.

Und Fisk beschäftigt sich intensiv mit den Argumenten der Israelis, die die Operation im Libanon ein ums andere Mal mit dem Zweiten Weltkrieg vergleichen. Er zitiert den damaligen israelischen Ministerpräsidenten Menachem Begin, der Beirut mit Berlin und Arafat mit Hitler gleichsetzt, der das Gedenken an die Schoah schamlos missbraucht, um jegliche Aktionen gegen die Palästinenser als „Alternativ-Krieg" zu rechtfertigen.

Diese politische Nachbetrachtung hat Robert Fisk in seinen Text einfließen lassen, als er ihn zu einem Kapitel in dem Buch „Pity the Nation" umarbeitete, aus dem die vorliegende Übersetzung hervorgeht. Sein Artikel aus der „Times" wurde ergänzt durch Details aus Notizzetteln, Interviews, Aufzeichnungen späterer Jahre, sprachlich umgearbeitet und mit anderen Berichten verschmolzen. Dennoch ist schon in der ursprünglichen Reportage aus dem Jahr 1982 der wichtigste Anklagepunkt enthalten, der später zur Überschrift des Kapitels über Sabra und Schatila in seinem Libanon-Buch werden sollte: „Terroristen".

Terroristen

Seine Auseinandersetzung mit diesem Terminus beschreibt eine Haltung, mit der sich Robert Fisk von so vielen anderen westlichen Journalisten unterscheidet. Für ihn ist es geradezu eine Notwendigkeit, die Verwendung des Begriffs „Terroristen" und seine fatalen Auswirkungen mit den Mitteln der Vorort-Reportage zu bekämpfen. Im Libanon ebenso wie im Irak oder in Afghanistan – auf jedem einzelnen Schauplatz, von dem er berichtet, wo die Sprachregelungen der Militärs und Politiker darauf abzielen, Kriegsverbrechen, Übergriffe und Massaker zu beschönigen. In einem Interview kurz vor Drucklegung dieses Buches erklärte mir Robert Fisk: „Ich habe diesen Begriff schon tausende Male angezweifelt. Er wird dazu benutzt, Menschen zu verdammen – nicht wegen dem, was sie tun, sondern wegen dem, was sie vertreten. (...) Es ist ein abschätziger Begriff, der dienen soll, ein ganzes Volk unter Verdacht zu stellen."

Im Falle von Schatila bedeutete der Gebrauch des Wortes „Terroristen" nichts Geringeres, als die tatsächlichen Verhältnisse umzukehren. Als Terroristen galten nicht jene, die terroristische Taten verübten. Eine Bande von wildgewordenen Schlächtern, denen aufgrund des Bürgerkriegs keine Grausamkeit mehr fremd war, zog in einem Blutrausch durch die palästinensischen Lager, exekutierte die ansässigen Männer oder schlitzte ihnen die Kehlen auf, vergewaltigte Frauen und erschoss sie anschließend, brachte alles um, was sich bewegte, ob Pferde und Ratten, oder Säuglinge und Greise – und die israelischen Politiker und Militärs bezeichneten diese Amokläufer weiter als „Soldaten" und „Verbündete". Angst hatten sie hingegen selbst dann noch vor den „palästinensischen Terroristen“, als kaum noch jemand in Schatila am Leben war. Fisk schreibt: „Es gehört zur Tragödie der Israelis, dass sie selbst an diesen Mythos zu glauben begannen.“

20 Jahre nach den Ereignissen im September 1982 versuchte eine Gruppe Angehöriger der Opfer des Massakers, Ariel Scharon wegen seiner Beteiligung vor einem belgischen Gericht anzuklagen. Letztlich wies der Oberste Belgische Gerichtshof das Verfahren aus formalen Gründen ab. Als ich Robert Fisk danach fragte, ob er als Zeuge ausgesagt hätte, verneinte er dies zu meiner Überraschung. Seine Erklärung lautete folgendermaßen: „Aus zwei Gründen trete ich niemals vor einem Gericht auf. Erstens: Wir sind Journalisten, keine Detektive. Ich kann keine Interviews mit irgendwelchen Kriegsherren führen und ihnen anschließend sagen: ‚Tut mir leid, aber vielleicht werden Ihre Aussagen als Beweis gegen sie verwendet werden.’ Der zweite Grund: Ich lasse mir von niemandem erklären, wer ein Kriegsverbrecher ist und wer nicht. Ich wurde vom Tribunal in Den Haag eingeladen, über die Verbrechen der bosnischen Serben zu berichten und ich habe abgelehnt. Wenn sie schon Kriegsverbrecher anklagen, dann sollen sie auch tatsächlich alle anklagen. Warum haben Sie nie Sharon vorgeladen? (...) Und warum nicht Olmert, als er Gaza angriff? Ich habe dem Mann, der mich aus Den Haag anrief, gesagt, er solle sich jemanden anderen suchen. Er hat darauf gemeint: ‚Es gibt Wege für uns, sie hierher zu bringen’. Dann habe ich aufgelegt.“

Robert Fisk wurde nie nach Den Haag gebracht, um über seine Erlebnisse im Jugoslawien-Krieg auszusagen. Seine Anklagen finden sich hingegen in den Korrespondentenberichten, die er seit mehr als 35 Jahren verfasst, ob aus Nordirland zum Höhepunkt der „Troubles“ in den 1970er Jahren, ob aus dem Portugal der Nelkenrevolution 1975, ob aus dem Libanon, dem Iran, dem Irak oder Afghanistan, aus jedem größeren Krieg der jüngeren Geschichte. Seine Reportagen sind deshalb so faszinierend, weil er selbst mitten im

Kampfgeschehen dazu in der Lage ist, mit einfachen, klaren, durchschlagenden Worten und einer packenden, pointierten Sprache zu operieren, die er ebenso meisterlich dazu verwendet, die politischen Gegebenheiten abzulichten. Es gibt wenig, was man an seinen Berichten vermissen würde – ganz sicher aber nicht seine unerschütterliche Haltung auf Seiten der Opfer der Weltpolitik.

Robert Fisk befindet sich nach wie vor in Beirut und berichtet aus einem Land, in dem die Gefahr eines Krieges jederzeit vor der Tür steht. Sollte es dazu kommen, wird er wie zuvor in seiner langen Karriere über das erzählen, was tatsächlich vor Ort passiert. Presse, sagt er dazu.

Stefan Kraft
Wien, im Jänner 2011

Robert Fisk

Sabra und Schatila

Aus dem Englischen von Jürgen Heiser

„Schwangere Frauen werden Terroristen gebären; wenn die Kinder groß sind, werden sie Terroristen sein."
Ein Phalangist nach dem Massaker von Sabra und Schatila bei seiner Vernehmung durch eine israelische Panzerbesatzung in West-Beirut, 17. September 1982

„Wissen wir, gefällt uns auch nicht, aber mischt euch nicht ein."
Antwort eines israelischen Bataillonskommandeurs an seine Männer, nachdem sie ihm gemeldet hatten, dass Palästinenser massakriert wurden, 17. September 1982

Die Fliegen verrieten uns, was geschehen war. Es gab Millionen davon, ihr Surren war fast so beredt wir ihr Gestank. Dicke Brummer, die uns völlig bedeckten, und zunächst nicht zwischen Toten und Lebenden unterscheiden konnten. Wenn wir still hielten und in unsere Notizbücher schrieben, setzten sie sich wie eine Armee – Legionen von ihnen – auf die weißen Oberflächen der Seiten, auf unsere Hände, Arme und Gesichter, wobei sie sich um unsere Augen und Münder herum versammelten, von einem Körper zum nächsten flogen, von den vielen Toten zu den wenigen Lebenden, von Leichen zu Reportern, ihre kleinen grün schimmernden Körper pochten aufgeregt, wenn sie neues Fleisch fanden, auf das sie sich setzen und schlemmen konnten.

Wenn wir uns nicht schnell genug bewegten, bissen sie zu. Meistens flogen sie in grauen Schwärmen um unsere Köpfe und warteten darauf, dass wir endlich die Totenstarre annahmen. Sie nötigten uns, diese Fliegen, indem sie unsere einzige physische Verbindung mit den Opfern um uns herum bildeten und uns daran erinnerten, dass es ein Leben im Tod gibt. Irgendjemand ist immer der Nutznießer. Die Fliegen waren unparteiisch. Es störte sie nicht im Geringsten, dass die Leichen hier die Opfer eines Massenmordes waren. Die Fliegen hätten sich gegenüber den nicht beerdigten Toten irgendeiner Gemeinde genauso verhalten. Während der Großen Pest[1] war es an heißen Nachmittagen sicher nicht anders gewesen.

Zuerst nahmen wir das Wort „Massaker" nicht in den Mund. Wir sagten überhaupt nicht viel, weil die Fliegen uns zielsicher in die Münder geflogen wären. Deshalb hielten wir uns Taschentücher davor, dann drückten wir uns den Stoff auch vor die Nase, weil die Fliegen über unsere Gesichter liefen. War der Leichengeruch der Toten von Sidon[2] noch Ekel erregend gewesen, so mussten wir durch den üblen Gestank von Schatila würgen. Wir rochen ihn durch die dicksten Taschentücher. Nach ein paar Minuten rochen wir selbst wie die Toten.

Sie lagen überall – auf der Hauptstraße, in den kleinen Gassen, in Hinterhöfen und zerstörten Häusern, unter eingestürztem Mauerwerk und quer über die Müllhaufen. Die Mörder – die christlichen Milizen, die Israel in die Lager gelassen hatte, um „die Terroristen aufzuschwemmen" – waren gerade erst abgezogen. In einigen Fällen war das Blut auf dem Boden noch frisch. Nachdem wir die ersten hundert Toten gefunden hatten, hörten wir auf zu zählen. Überall sahen wir Leichen – Frauen, junge Männer, Babys und Großeltern – sie lagen in großer Zahl herum, wo sie gerade niedergestochen oder mit Maschinenpistolen niedergemäht worden waren. Je weiter wir in das Trümmerfeld vorstießen, desto mehr Leichen fanden wir. Die Patienten eines paläs-

---

1 Während der „Großen Pest", der letzten großen europäischen Pestepidemie, starben 1665-66 im Süden Englands rund 100.000 Menschen, davon allein 70.000 in London (ein Fünftel der Stadtbevölkerung). Anm. d. Übers.

2 Drittgrößte Stadt des Libanon, Schauplatz von Kämpfen zwischen Sunniten und Christen im Bürgerkrieg 1975-1990. Siehe auch den Abschnitt über Major Haddad. Anm. d. Übers.

tinensischen Krankenhauses waren geflüchtet, nachdem die Mordschützen den Ärzten befohlen hatten, zu verschwinden. Überall fanden wir Anzeichen für schnell ausgehobene Massengräber. Schätzungsweise Tausend Menschen waren abgeschlachtet worden; oder auch noch fünfhundert mehr.

Noch während wir uns dort inmitten der offenkundig begangenen Grausamkeiten befanden, sahen wir, dass die Israelis uns beobachteten. Vom Dach des westlich gelegenen Hochhausblocks – das zweite Gebäude auf der Avenue Camille Chamoun – starrten sie durch Feldstecher zu uns herunter und suchten die von Leichen übersäten Straßen mit ihren Ferngläsern ab, von denen manchmal Sonnenreflexe aufblitzten, während ihre Blicke durch das Lager streiften. Loren Jenkins fluchte die ganze Zeit. Ich dachte, es sei möglicherweise seine spezielle Art, den Brechreiz in diesem schrecklichen Gestank unter Kontrolle zu halten. Wir alle hatten das Gefühl, uns übergeben zu müssen. Wir *atmeten* den Tod, inhalierten den Verwesungsgeruch der aufgedunsenen Leichen, die um uns herum lagen. Jenkins hatte sofort begriffen: Der israelische Verteidigungsminister würde Verantwortung für diesen Gräuel übernehmen müssen. „Scharon!"[3], rief er. „Dieses Arschloch Scharon! Das ist ein neues Deir Yasin!"[4]

Was wir am Morgen des 18. September 1982 im palästinensischen Flüchtlingslager Schatila vorfanden, lässt sich kaum in Worte fassen. Auch wenn es sicher einfacher gewesen wäre, es in die sachlichen Worte eines medizinischen Untersuchungsberichts zu kleiden. Schon zuvor waren Massaker im Libanon geschehen, aber kaum von diesem Ausmaß

---

3 Scharon, Ariel, israelischer Verteidigungsminister 1981-83. Anm. d. Übers.

4 Deir Yasin (auch Deir Jassin) war ein arabisches Dorf im Nordwesten Jerusalems. Es wurde am 9. April 1948 von paramilitärischen Verbänden der zionistischen Untergrundorganisationen Irgun Tzwai Le'um (IZL/hebr. für „Nationale Militärorganisation") und Lechi (hebr. Akronym für Lochamei Cherut Jisrael, „Kämpfer für die Freiheit Israels") angegriffen und eingenommen. Aufgrund der hohen Verluste unter den palästinensischen Einwohnern ging der Überfall auch als „Massaker von Deir Yasin" in die Geschichte ein. Anm. d. Übers.

und unter den Augen einer regulären, angeblich disziplinierten Armee. In einer von Panik und hasserfüllter Feindschaft getriebenen Schlacht waren schon Zehntausende in diesem Land gestorben. Aber diese Menschen hier, Hunderte von ihnen, waren unbewaffnet niedergeschossen worden. Das war ein Massenmord, ein Zwischenfall – wie leicht wir das Wort „Zwischenfall" im Libanon verwendeten –, eine Gräueltat. Etwas, das selbst über das hinausging, was die Israelis unter anderen Umständen eine *terroristische* Gräueltat genannt hätten. Es war ein Kriegsverbrechen.

Jenkins, Tveit und ich waren so überwältigt von dem, was wir in Schatila vorfanden, dass wir anfangs unfähig waren, unseren eigenen Schock wahrzunehmen. Bill Foley von Associated Press (AP) hatte uns begleitet. Als er herumlief, brachte er nur immer wieder und wieder die Worte „Jesus Christus!" heraus. Wir hätten vielleicht ein paar Morde hingenommen, vielleicht sogar ein paar Dutzend Tote, gestorben in der Hitze des Gefechts. Aber hier lagen Frauen mit weit geöffneten Beinen in ihren Häusern, ihre Blusen über die Hüfte hinaufgeschoben, Kinder mit durchgeschnittenen Kehlen, reihenweise junge Männer mit Einschüssen im Rücken, die an den Mauern des Lagers exekutiert worden waren. Wir sahen Babys – Babys mit schwarzer Haut, weil sie schon vor mehr als 24 Stunden abgeschlachtet worden waren und ihre kleinen Körper bereits verwesten –, die zusammen mit leeren Konservendosen von Feldrationen der US-Armee, israelischem medizinischen Zubehör und leeren Whiskyflaschen auf Müllhaufen lagen.

Wo waren die Mörder? Oder, um es mit den Worten der Israelis zu sagen, wo waren die ‚Terroristen'? Als wir hinunter nach Schatila gefahren waren, hatten wir die Israelis auf den Dächern der Apartmenthäuser in der Avenue Camille Chamoun gesehen, aber sie hatten keine Anstalten gemacht, uns zu stoppen. Zunächst waren wir in das Flüchtlingslager Bourj al-Baranjeh gefahren, weil uns jemand erzählt hatte, dort habe es ein Massaker gegeben. Aber wir sahen nur, wie ein libanesischer Soldat Jagd auf einen Autodieb machte. Erst als wir zurückfuhren und den Eingang zum Lager Schatila passierten, entschied Jenkins, den Wagen anzuhalten. „Das gefällt mir nicht“, sagte er. „Wo sind die alle? Woher kommt dieser verdammte Gestank?“

Direkt hinter dem südlichen Zugang zum Lager gab es ein paar eingeschossige Häuser aus Beton. Ende der 1970er Jahre hatte ich in diesen Slumhütten einige Interviews geführt. Als wir den matschigen Eingang des Lagers Schatila passierten, sahen wir, dass diese Häuser alle gesprengt und dem Erdboden gleichgemacht worden waren. Überall auf der Hauptstraße lagen Patronenhülsen. Ich sah mehrere israelische Leuchtspurgeschosse, die immer noch an ihren kleinen Fallschirmen hingen. Fliegenschwärme flogen über die Trümmer, Stoßtrupps mit einer guten Nase für reiche Beute.

Keine 45 Meter vom Eingang entfernt lag in einer Gasse zu unserer Rechten ein Haufen Leichen. Es waren mehr als ein Dutzend junge Männer, die in der Agonie des Todes ihre Arme und Beine ineinander verschlungen hatten. Alle waren sie durch aufgesetzte Schüsse in die Schläfe erschossen worden, wobei die Geschosse neben dem Ohr jeweils eine große Fleischwunde gerissen hatten und dann ins Gehirn eingedrungen waren. Manche wiesen an der linken Seite ihres Halses blutrote oder schwarze Wundmale auf. Einer war kastriert worden, seine Hose stand offen und auf seinen herausgerissenen Gedärmen hatte sich ein Fliegenschwarm niedergelassen.

Die Augen dieser jungen Männer waren alle geöffnet. Der Jüngste schien nicht älter als 12 oder 13 Jahre. Sie trugen Jeans und bunte Hemden, die jetzt auf absurde Weise straff auf ihrer Haut saßen, weil ihre Körper durch die Hitze aufgedunsen waren. Man hatte sie nicht beraubt. An einem schwarz gefärbten Handgelenk zeigte eine Schweizer Uhr die genaue Zeit an, während die andere Hand ihres getöteten Besitzers in letzten Zuckungen lag.

Auf der gegenüberliegenden Seite der Hauptstraße fanden wir am Ende einer Schneise durch die Trümmer die Leichen von fünf Frauen und mehreren Kindern. Die Frauen waren mittleren Alters und ihre Leichen lagen auf einem Müllhaufen. Eine befand sich auf dem Rücken, ihre Kleider waren aufgerissen und hinter ihr sah man den Kopf eines kleinen Mädchens. Das Mädchen hatte kurzes lockiges Haar, ihre Augen starrten uns mit einem Stirnrunzeln an. Sie war tot.

Ein weiteres Kind lag auf der Fahrbahn wie eine weggeworfene Puppe, ihr weißes Kleid war durch Matsch und Staub verdreckt. Sie konnte nicht älter als drei Jahre sein. Ihr Hinterkopf war durch eine Kugel weggeplatzt, die in ihr Gehirn gefeuert worden war. Eine der Frauen hielt einen kleinen Säugling an ihren Körper gepresst. Die Kugel, die in ihre Brust eingedrungen war, hatte auch das Baby getötet. Jemand hatte ihren Bauch kreuzweise aufgeschlitzt, vielleicht, um ihr Ungeborenes zu töten. Ihre Augen waren weit aufgerissen, ihr dunkles Gesicht vor Entsetzen erstarrt.

Tveit versuchte das alles auf Band aufzunehmen und sprach dabei langsam und emotionslos auf Norwegisch. „Ich stehe jetzt vor einem anderen Körper, dem einer Frau und ihres Säuglings. Sie sind tot. Hier liegen drei weitere Frauen. Auch sie sind tot…“ Von Zeit zu Zeit drückte er die Pausentaste, beugte sich nach vorn, weil ihm schlecht wurde und er einen Würgereiz bekam. Foley, Jenkins und ich erkundeten eine enge Gasse, als wir Geräusche eines Kettenfahrzeugs hörten. „Die sind immer noch hier“, sagte Jenkins und schaute mich dabei sehr ernst an. Sie waren immer noch da. Die Mörder waren immer noch im Lager. Foleys größte Sorge war, dass die christlichen Milizionäre ihm den Film wegnehmen könnten, den einzigen Beweis – soweit er wusste – für das, was passiert war. Er rannte weg, die Straße hinunter.

Jenkins’ und meine Angst ging noch weiter. Wenn die Mörder immer noch im Lager waren, dann würden sie sicher eher die Zeugen als die fotografischen Beweismittel vernichten wollen.

Wir sahen ein braunes Eisentor, das einen Spalt offen stand. Wir stießen es auf, stürmten in den Hof und schlossen es gleich wieder hinter uns. Wir hörten, wie sich das Fahrzeug in einer benachbarten Straße näherte und wie seine Ketten über Betontrümmer rasselten. Jenkins und ich schauten einander ängstlich an. Plötzlich wussten wir, dass wir nicht allein waren. Wir fühlten die Anwesenheit eines anderen Menschen. Er befand sich direkt neben uns, eine junge hübsche Frau, die auf dem Rücken lag.

Sie ruhte dort, als würde sie in der Hitze ein Sonnenbad nehmen. Das Blut, das von ihrem Rücken rann, war noch frisch. Die Mörder konnten noch nicht weit sein. Sie lag einfach dort, die Füße zusammengekauert, die Arme ausgebreitet, als wenn sie gerade ihrem Heiland begegnet wäre. Ihre Gesichtszüge waren friedlich, die Augen geschlossen, eine schöne Frau, die von einem eigenartigen Heiligenschein umgeben war. Denn über ihr hing eine Wäscheleine, an der Kinderhosen und ein paar Strümpfe festgeklammert waren. Weitere Wäscheteile lagen verstreut auf dem Boden. Als die Mörder kamen, musste sie gerade dabei gewesen sein, die Wäsche ihrer Familie aufzuhängen. Als sie niederfiel, verteilten sich die Wäscheklammern, die sie in ihrer Hand hielt, in einem kleinen hölzernen Kreis um ihren Kopf.

Nur das kleine Loch in ihrer Brust und die im Hof größer werdende Blutlache bezeugten ihren Tod. Die Fliegen hatten sie noch nicht entdeckt. Ich meinte, Jenkins beten zu hören, aber er fluchte nur wieder und murmelte zwischen seinen Flüchen: „Mein Gott!" Die Frau tat mir so leid. Vielleicht war es leichter, Mitleid zu empfinden für jemanden, der so jung war, so unschuldig wie sie, dessen Körper noch nicht begonnen hatte, zu verwesen. Ich musste ihr die ganze Zeit ins Gesicht schauen, so elegant wie sie neben der Wäscheleine lag, als würde sie jeden Moment ihr Augen öffnen.

Wahrscheinlich hatte sie sich in ihrer Wohnung versteckt, als sie die Schüsse im Lager hörte. Sie musste sich bis zu diesem Morgen der Aufmerksamkeit der von den Israelis gedeckten Milizionäre entzogen haben. Sie war wohl in den Hof gegangen, weil sie keine Schüsse mehr hörte, hatte angenommen, der Ärger sei vorüber, und war wieder ihrer alltäglichen Hausarbeit nachgegangen. Sie konnte nicht wissen, was wirklich passierte. Dann ging die Hoftür auf, so rasch wie wir sie gerade geöffnet hatten, die Mörder waren hereingekommen und töteten sie. Einfach so. Dann verschwanden sie und wir kamen vielleicht nur ein oder zwei Minuten nach ihnen durch das Tor.

Wir blieben noch ein paar Minuten im Hof. Jenkins und ich hatten fürchterliche Angst. Wie Tveit, der vorübergehend verschwunden war, war Jenkins ein Überlebenskünstler. Ich fühlte mich sicher bei ihm. Die Milizionäre – die Mörder dieser jungen Frau – hatten die Frauen in Schatila vergewaltigt und erstochen, sie hatten die Männer erschossen, aber ich vermutete, dass sie zögerten, Jenkins zu töten, einen US-Amerikaner, der sie niederreden würde. „Lass uns von hier verschwinden", sagte er, und wir verließen den Hof. Er lugte zuerst vorsichtig in die Straße, dann folgte ich ihm, und schloss dabei sehr langsam das Tor, weil ich die schlafende, tote Frau mit ihrem Heiligenschein aus Wäscheklammern nicht wecken wollte.

Foley erschien wieder auf der Straße, in der Nähe des Lagereingangs. Das Kettenfahrzeug war weg, aber ich hörte es immer noch draußen auf der Hauptstraße, wie es in Richtung der Israelis fuhr, die uns immer noch beobachteten. Jenkins hörte Tveit hinter einem Leichenhaufen rufen, aber ich konnte ihn nicht sehen. Hinter diesen Haufen verloren wir einander dauernd aus den Augen. Gerade sprach ich noch mit Jenkins, im nächsten Moment wandte ich mich um und merkte, dass ich mit einem jungen Mann sprach, der rückwärts über dem Pfeiler eines Hauses lag und dessen Arme herunter hingen.

Ich vernahm Jenkins und Tveit etwa 100 Meter entfernt auf der anderen Seite eines hohen Walls aus Erde und Sand, der offensichtlich erst kürzlich von einem Bulldozer zusammengeschoben worden war. Der Erdwall war vielleicht vier Meter hoch, und ich hatte Probleme, ihn von der einen Seite zu besteigen, weil ich in dem Dreck dauernd mit meinen Füßen ins Rutschen kam. Kurz vor dem Gipfel verlor ich das Gleichgewicht und griff nach einem dunkelroten Gesteinsbrocken, der aus der Erde herausragte. Aber das war gar kein Stein. Was ich in der Hand hielt, war klebrig und warm, und als ich hinunter schaute sah ich, dass ich den Ellbogen eines Menschen festhielt, ein Dreieck aus Fleisch und Knochen, das aus der Erde herausragte.

Entsetzt ließ ich es fallen, wischte das tote Fleisch an meiner Hose ab und taumelte die letzten Schritte zur Spitze des Erdwalls hinauf. Der Gestank war fürchterlich, und zu meinen Füßen sah ich ein Gesicht, dem die Hälfte des Mundes fehlte und das mich anschaute. Eine Kugel oder ein Messer hatte die andere Hälfte weggerissen, und was vom Mund noch da war, diente den Fliegen als Nest. Ich versuchte, nicht hinzusehen. Etwas weiter entfernt konnte ich Jenkins und Tveit ausmachen, die neben weiteren Leichen vor einer Mauer standen, aber ich konnte sie nicht zu Hilfe rufen, weil ich wusste, ich müsste mich übergeben, wenn ich meinen Mund öffnete.

Ich lief über den Scheitel des Erdwalls und schaute mich verzweifelt nach einer Stelle um, von wo ich auf der anderen Seite auf den Boden hinunter springen könnte. Doch bei jedem weiteren Schritt sank ich tiefer in die Erde ein. Der ganze Hügel wankte und vibrierte unter meinem Gewicht auf eine schauderhafte, federnde Weise, und sobald ich wieder nach unten blickte, sah ich, dass der Sand nur sehr oberflächlich Gliedmaßen und Gesichter bedeckte. Ein großer Stein erwies sich als Bauch eines Toten. Ich sah den Kopf eines Mannes, die nackte Brust einer Frau, die Füße eines Kindes. Ich lief über Dutzende Leichen, die sich unter meinen Füßen bewegten.

Diese Leichen hatte jemand in großer Hektik verscharrt. Sie waren mit einem Bulldozer am Fahrbahnrand zusammengeschoben worden. Als ich mich umschaute, sah ich auch tatsächlich einen Bulldozer – der Fahrersitz war leer – schuldbewusst weiter unten auf der Straße stehen.

Ich versuchte vergeblich, nicht auf die Gesichter unter mir zu treten. Wir alle empfinden traditionell Respekt gegenüber Toten, auch ich empfand ihn in jenem Augenblick. Ich sagte mir, dass diese grässlichen Kadaver keine Feinde waren, dass diese toten Menschen meiner Anwesenheit zustimmen würden, dass sie wollten, dass Tveit und Jenkins und ich all das sehen sollten und dass ich deshalb keine Angst haben brauchte. Aber noch nie zuvor hatte ich so viele Leichen auf einmal gesehen.

Ich sprang von dem Erdwall herunter und lief zu Jenkins und Tveit. Ich muss auf eine dumme Weise gewimmert haben, weil Jenkins sich überrascht umschaute. Aber im selben Moment, als ich meinen Mund öffnete, um zu sprechen, flogen sofort Fliegen hinein. Ich spuckte sie aus. Tveit ging es schlecht. Er schaute auf etwas, was wie eine Reihe Säcke aussah, die vor einer niedrigen Steinmauer lagen. Die ausgestreckt daliegenden jungen Männer und Knaben bildeten eine Linie. Sie waren exekutiert worden, vor der Mauer stehend in den Rücken geschossen worden und sie lagen so, wie sie umgefallen waren: erbärmlich und schrecklich gleichermaßen.

Diese Mauer und der Leichenhaufen erinnerten uns an etwas, das wir alle schon einmal zuvor gesehen hatten. Erst später wurde uns klar, dass diese Szene jenen alten Fotos von standrechtlichen Erschießungen im besetzten Europa während des Zweiten Weltkriegs ähnelte. Vor uns lagen zwölf bis 20 Leichen. Manche lagen nebeneinander. Als ich mich vorbeugte, um sie mir genauer anzusehen, sah ich bei allen die gleichen dunklen Schrammen links an ihrer Kehle. Die Mörder mussten ihre Gefangenen auf diese Weise für die Hinrichtung gekennzeichnet haben. Eine Kehle mit einem Messer anzuritzen bedeutete, dass dieser Mann ein Todgeweihter war, ein „Terrorist", vorgesehen für die sofortige Exekution.

Während wir dort standen, hörten wir jemanden aus den Ruinen auf Arabisch rufen. „Sie kommen zurück!", schrie ein Mann. Voller Angst rannten wir die Straße hinunter. Rückblickend denke ich, dass es vielleicht unsere Wut war, die uns letztlich daran hinderte, wegzugehen, denn wir warteten in der Nähe des Lagereingangs, um die Gesichter der Männer zu sehen, die für all das verantwortlich waren. Sie mussten mit Billigung der Israelis hier hineingeschickt worden sein. Die Israelis mussten sie auch bewaffnet haben. Ganz klar muss ihr Werk von den Israelis überwacht – aus nächster Nähe beobachtet – worden sein, von denselben Israelis, die uns immer noch durch ihre Feldstecher beobachteten.

Wir hörten ein weiteres gepanzertes Fahrzeug hinter einer Mauer Richtung Westen fahren – möglicherweise von den Phalangisten oder von den Israelis –, aber es kam nicht in Sicht. Wir gingen weiter. Überall das gleiche Bild. In den Slumhütten von Schatila hatten sich Familien in ihre Schlafräume zurückgezogen, als die Milizionäre durch ihre Haustür eindrangen, und nun lagen sie dort, zusammengesackt auf ihren Betten, zwischen Stühle geschmissen, über Kochtöpfe geschleudert. Viele der Frauen waren vergewaltigt worden, ihre Kleidung lag auf dem Boden verstreut, ihre nackten Leiber auf ihre Ehemänner oder Brüder geworfen, alle hatten dunkle Haut – sie waren vom Tod gezeichnet.

Weiter drinnen im Flüchtlingslager gab es noch eine Gasse, in der ein weiterer Bulldozer seine Spuren im Matsch hinterlassen hatte. Wir folgten dieser Spur, bis wir auf ein etwa 100 Quadratmeter großes Stück Land stießen, das frisch umgepflügt war. Auch hier bedeckten Fliegen den Boden, und da war er wieder, dieser bekannte, feine, bittersüße, grauenhafte Geruch. Wir sahen uns das Stück Land an und vermuteten alle (was auch der Wahrheit entsprach) dass wir vor einem hastig ausgehobenen Massengrab standen. Wir bemerkten, dass wir mit unseren Schuhen in die weiche Erde einsanken, die eine flüssige, fast wasserartige Konsistenz hatte, und wir zogen uns entsetzt auf die Fahrzeugspur zurück.

Ein norwegischer Diplomat war ein paar Stunden zuvor die Straße vor dem Lager entlang gefahren und hatte einen

Bulldozer gesehen, in dessen Räumschaufel ein Dutzend Leichen lag, deren Arme und Beine aus der eisernen Schaufel heraushingen. Wer hatte dieses Stück Land mit solcher Effizienz umgegraben? Wer den Bulldozer gefahren? Soviel war sicher: Die Israelis wussten die Antwort, sie hatten gesehen, was passiert war, dass ihre Verbündeten – Phalangisten oder Haddad-Milizionäre[5] – nach Schatila geschickt worden waren und diesen Massenmord begangen hatten. Dies war der schlimmste Akt des Terrorismus – nach Ausmaß und Zeit der größte –, den Individuen, die ihre unschuldigen Mordopfer sehen und anfassen konnten, je in der jüngeren Geschichte des Nahen Ostens begangen hatten.

Erstaunlicherweise gab es Überlebende. Drei kleine Kinder riefen uns von einem Dach zu, sie hätten sich versteckt, während das Massaker passierte. Mehrere weinende Frauen erzählten uns, wie ihre Männer getötet worden waren. Alle sagten übereinstimmend, Haddads Männer und die Phalange seien verantwortlich und gaben uns genaue Beschreibungen der unterschiedlichen Abzeichen mit den Zedern, die beide Milizen auf ihren Uniformen trugen.

Auf der Hauptstraße lagen noch mehr Tote. „Das war mein Nachbar, Herr Nouri", rief mir eine Frau zu. „Er war neunzig Jahre alt." Gleich neben ihr, in einem Müllhaufen auf dem Bürgersteig, lag ein sehr alter Mann mit einem dünnen grauen Bart, der immer noch eine kleine Wollmütze auf seinem Kopf trug. Ein weiterer alter Mann war in seinem Schlafanzug vor seiner Haustür gestorben, niedergemetzelt, als er wenige Stunden zuvor versucht hatte, sich in Sicherheit zu bringen. Nicht zu glauben, aber es gab auch tote Pferde, drei große Hengste, mit Salven aus Maschinen-

5 Armee des Saad Haddad, Major der libanesischen Armee, der im Oktober 1976 mit seinen Leuten desertierte. Haddad proklamierte die „Freie Libanesische Armee" und machte sich zum Oberkommandierenden der „christlichen Enklaven" im Südlibanon. Im Juni 1978 übergaben ihm die einmarschierenden Israelis die Kontrolle über einen Grenzstreifen von 80 Kilometer Länge und 10 bis 15 Kilometer Tiefe. Die nunmehr sogenannte Südlibanesische Armee (SLA) wurde von Israel ausgerüstet und bezahlt. Anm. d. Übers.

pistolen neben einer Hütte niedergestreckt. Der Huf eines der Hengste lag auf der Mauer, über die er sich in Sicherheit bringen wollte, als die Milizionäre ihn erschossen.

Es gab auch Spuren des Kampfes im Lager. Nahe der Sabra-Moschee war die Straße rutschig wegen der verstreut herumliegenden Geschosshülsen und Patronen. Ein Teil der Munition war sowjetischen Ursprungs, wie sie die Palästinenser benutzten. Ein paar Männer, die noch Waffen besaßen, hatten offenbar versucht, ihre Familien zu schützen. Niemand würde je ihre Geschichten erfahren. Wann war ihnen klar geworden, dass ihre Verwandten und Freunde massakriert wurden? Wie hatten sie es geschafft, mit so wenigen Waffen zu kämpfen? In der Nähe der Moschee lag mitten auf der Straße ein perfekt geschnitztes Holzmodell einer Spielzeug-Kalaschnikow mit zerbrochenem Lauf.

Wir gingen im Lager hin und her, auf jedem unserer Wege fanden wir noch mehr Leichen. Sie lagen in Gräben, hingen über Mauern, lagen aufgereiht, wie man sie erschossen hatte. Wir erkannten die Körper von Toten wieder, die wir schon zuvor gesehen hatten. Dort oben die Frau mit dem kleinen Mädchen, das über ihre Schulter blickt, da war wieder Herr Nouri, der im Müll am Straßenrand lag. Als wir noch einmal die Frau mit dem Kind passierten, starrte ich sie an, weil mir schien, sie hätte sich bewegt oder eine andere Position eingenommen. Die Toten wurden für uns wieder lebendig.

Weiter oben im Norden, im Sabra-Teil des Flüchtlingslagers, kamen uns Frauen entgegen. Sie weinten vor Angst und baten uns um Hilfe. Ihre Männer – Söhne, Ehemänner, Väter – waren während des Massakers aus ihren Häusern geholt worden. Ein paar hatten sie schon vor den Mauern wiedergefunden, aber andere wurden noch vermisst. Ein Reuters-Korrespondent hatte gesehen, wie israelische Soldaten Männer in den Ruinen des Sportstadions bewachten. Weitere Journalisten trafen ein, außerdem libanesische Zeitungsfotografen und Diplomaten. Wir trafen zwei Schweizer Delegierte vom Internationalen Roten Kreuz und berichteten ihnen, wo wir auf Massengräber gestoßen waren. Auch ein schwedischer Radiokorrespondent war ins Lager gekommen.

Im Stadion fanden wir tatsächlich Hunderte der vermissten Männer, wie es der Kollege von Reuters berichtet hatte. Die meisten von ihnen waren Libanesen – in Sabra lebten sowohl Libanesen als auch Palästinenser –, und sie wurden von Milizionären zur „Vernehmung" abgeführt. Uniformierte israelische Soldaten bewachten zusammen mit zivilen Geheimdienstagenten von Schin Bet[6] (große, kräftige Männer mit Ray-Ban-Sonnenbrillen und Uzi-Maschinenpistolen) die gesamte westliche Seite des zerstörten Sportstadions. Ich sah auch Milizionäre. Drei von ihnen führten gerade einen verängstigten Mann vom Stadium weg. Die Israelis ließen sie gewähren. Sie waren mit dieser Maßnahme einverstanden. Die Israelis erklärten uns, es ginge hier um die Suche nach „Terroristen". Terroristen.

Das bloße Wort „Terroristen" klang jetzt obszön. Es war zu einem mörderischen Wort geworden, zu einem Wort, das diese Gräuel ermöglicht hatte. Jenkins und ich sahen Hunderte Gefangene, die sich nahe der Stadionmauer hingehockt oder in den Staub gelegt hatten. Ich ging zu ihnen hin, ignorierte dabei die Israelis, die offensichtlich annahmen, Jenkins und ich gehörten zu Schin Bet. Ich ging einfach in einen der unterirdisch gelegenen Stadionräume, der als Gefangenenzelle genutzt wurde. „Helfen Sie uns", sagte einer der Männer. Ein israelischer Soldat kam herein. Presse, sagte ich. „Machen Sie, dass Sie hinauskommen, diese Männer sind Terroristen."

Aber das waren sie nicht. Nur ein paar Meter entfernt fand ein Reuters-Korrespondent seinen eigenen Telexschreiber wieder – einen Libanesen, der in Corniche Mazraa[7] zu

6 Schin Bet ist die Kurzbezeichnung des israelischen Inlandsgeheimdienstes. Schin und Bet sind die hebräischen Anfangsbuchstaben von *Scherut Bitachon* (dt. für „Sicherheitsdienst"). Anm. d. Übers.

7 Bezirk in West-Beirut, Anm. d. Übers.

Hause war. Er saß in einer der Zellen. Wir trafen auf einen israelischen Offizier. Er war ein *Tat Aluf*, ein Oberst. Wir erzählten ihm, dass wir unter den Gefangenen einen Telexschreiber von Reuters gefunden hätten. Er müsse freigelassen werden. Nach einigem Bitten wurde uns der Mann übergeben. Der Reporter von British Reuters führte ihn weg, einen Arm um seine Schultern gelegt.

Ich betrat eine weitere dieser „Zellen". „Sie führen uns weg von hier, einen nach dem anderen, zur Vernehmung", sagte einer der Gefangenen. „Es sind Haddad-Männer. In der Regel bringen sie die Leute nach der Vernehmung wieder zurück, aber nicht immer. Manchmal kehren die Leute nicht mehr zurück." Ein weiterer israelischer Oberst kam herein, zeigte auf mich und forderte mich auf, hinauszugehen. Ich wollte aber bleiben und weiter sprechen. Doch die Gefangenen blieben stumm. Warum konnten sie nicht sprechen? „Die können reden, wenn sie wollen", sagte der israelische Oberst. „Aber sie haben nichts zu sagen."

Keine 500 Meter entfernt lagen die Toten. Dort, wo die israelischen Soldaten und die Schin-Bet-Agenten standen, war die Luft vom Leichengeruch erfüllt. Aber sie sprachen immer noch von „Terroristen". Das war surreal, grotesk. Jenkins traf auf einen Offizier, den er kannte. „Diese Leute werden hier festgehalten, um sie zu vernehmen – sie stehen im Verdacht, Terroristen zu sein", erklärte der Israeli. Das war irrelevant. Entschuldigen Sie, entschuldigen Sie nur einen Augenblick, sagte ich, aber was ist denn hier passiert? Überall liegen Tote, hier ganz in der Nähe – ich wies mit der Hand auf die Seite des Stadions – liegen sie haufenweise. „Davon weiß ich nichts." Aber Sie können sie doch *riechen*! „Tut mir leid, darüber habe ich keine Information."

Ich wandte mich an den Soldaten. Er war ein hoch gewachsener Mann mit kurz geschnittenem dunklen Haar und sonnengebräuntem Teint, gut gebaut, leicht füllig. Schauen Sie, sagte ich, verzeihen Sie mir, dass ich das so sage, aber da drin spielen sich Szenen ab, die an Treblinka erinnern. Das war der erste Vergleich, der mir spontan in den Sinn gekommen war, nach allem, was ich gerade erlebt hatte. Ich hatte nicht gesagt: „Das *ist* Treblinka", weil Juden dort ermordet worden waren. Treblinka war ein Vernichtungslager gewesen. Der Israeli schaute mich nur regungslos an.

Ich versuchte ihm die Ungeheuerlichkeit dessen, was geschehen war, verständlich zu machen; dass dies nicht nur ein kleiner Exzess war, sondern ein von Verbündeten Israels unter den Augen Israels begangenes Massaker. Das sollte er begreifen. Nahm er den *Geruch* in der Luft nicht wahr?, fragte ich ihn. Der Israeli hätte mit mir darüber streiten müssen. Er hätte wenigstens darauf hinweisen können – richtigerweise –, dass sich ein Vergleich dessen, was in Schatila und was in Treblinka geschehen war, von selbst verbot. Aber das tat er nicht. Er musste stattdessen vorgeben, nicht zu wissen, was in Schatila los war.

Jenkins wurde zornig. „Warum sagen Sie uns nicht, was passiert ist? Da ist ein Massenmord verübt worden. Was ist geschehen? Sagen Sie es uns. Haben Sie die christlichen Milizen gestern hier hereingelassen?"

„Ich war gestern noch nicht hier. Ich bin erst heute Morgen angekommen."

Jenkins Augen wurden schmal, und er trat wütend einen Schritt zurück. „Sie lügen!", sagte er. „Sie *waren* bereits gestern hier! Ich habe Sie gesehen. Sie haben mein verdammtes Auto angehalten, als ich nach Schatila hineinfahren wollte. Ich habe schon gestern mit Ihnen gesprochen. Sie *waren* hier. Sie lügen!" Der Israeli erinnerte sich augenscheinlich an Jenkins. Er hob seine Hand. „Ich hatte Ihre Frage anders verstanden. Ich erinnere mich nicht. Ich weiß nicht, was hier passiert ist."

Auf der Hauptstraße stand ein Konvoi von Merkava-Panzern, die Besatzungen saßen auf den Geschütztürmen, rauchten, beobachteten, wie die Männer einzeln oder zu zweit aus dem Stadion geführt wurden, wie manche freigelassen und andere von Schin-Bet-Agenten oder von Libanesen in grauen Khaki-Overalls abgeführt wurden.

Wir gingen zum Lager zurück. Eine Palästinenserin kam auf mich zu, sie lächelte uns auf schroffe, grausame Weise an: „Na, haben Sie ein paar gute Fotos geschossen, ja?“, fragte sie. „Haben Sie genug Stoff, über den Sie schreiben können? Geht’s Ihnen gut? Schöner Tag heute, nicht?“ Ich dachte, sie würde mich gleich beschimpfen, aber sie fuhr mit ihrem beherrschten Sarkasmus fort. „Schießt nur gute Fotos hier, ihr Presseleute. Ich hoffe, Ihnen geht’s gut. Noch einen schönen Tag hier!“

Jenkins machte sich auf den Weg, um ein Telex an sein Büro zu schicken. Tveit fuhr zum Hotel Commodore, um von dort aus zu telefonieren. Ich ging ins Lager zurück und bedeckte wieder Mund und Nase mit einem Taschentuch, ging an Herrn Nouri und dem anderen alten Mann vorbei, passierte linker Hand die Exekutionsmauer, den Erdwall aus Leichen, den verlassenen Bulldozer, die toten Pferde, die Frau mit dem Kind, das über ihre Schulter sah. Erst als ich mich dem Ausgang von Schatila näherte, dem Weg zur Hauptstraße zwischen der Kuwaitischen Botschaft und dem Ort Fakhani, kam mir zu Bewusstsein, dass ich die einzige lebendige Person in diesem Teil des Lagers war.

Ich hörte das Dröhnen eines Motors von der Straße her. Hinter der Betonmauer, jenseits der Bäume, konnte ich eine israelische Panzerkolonne sehen. Aus dem Lautsprecher eines Schützenpanzerwagens drang durch die Bäume die Stimme eines israelischen Offiziers: „Bleiben Sie von der Straße fern“, befahl er. „Wir suchen nur nach Terroristen. Gehen Sie nicht auf die Straße. Wir schießen.“

Das war mehr als grotesk. Die Israelis befahlen den Toten, sich von den Straßen fern zu halten. Das war lächerlich, absurd, grässlich. Ich ging zum Tor, mein Taschentuch immer noch vor Nase und Mund. Der Panzerkolonne folgten zwei Bataillone israelischer Infanterie. Sie marschierten entlang der Mauer, die das Lager umgab, und als sie den Eingang zu Schatila erreichten, hechteten sie durch die Öffnung, die Gewehre im Anschlag. Auf der gegenüber liegenden Seite gingen sie in Stellung und gaben sich gegenseitig Schutz vor den Phantom-Terroristen im Innern des Lagers.

Ich trat aus dem Lager auf die Straße. „He, Sie – verschwinden Sie!“ Ein junger israelischer Offizier kam auf mich zu. Presse, sagte ich. „Sie haben keine Erlaubnis, hier zu sein. Verschwinden Sie!“ Ich weigerte mich. Ich hatte einfach schon zu viel gesehen. „Ich befehle Ihnen, sofort zu gehen!“ Ich schüttelte nur den Kopf. Mir war schlecht. Meine Kleidung stank. Ich roch nach den Toten. Aber nach allem, was ich gerade gesehen hatte, konnte ich mich solchen Befehlen nicht mehr unterwerfen. Und ich war fasziniert von den Soldaten. Sie stürmten noch immer durch den Eingang, um den Phantom-Terroristen zu entgehen.

Der Offizier baute sich vor mir auf und starrte mir ins Gesicht. Da drin gibt es niemanden mehr, sagte ich. „Ich habe Ihnen doch den Befehl gegeben, zu gehen. Tun Sie endlich, was Ihnen gesagt wird“, schrie mich der Soldat an. Sie verstehen mich nicht, antwortete ich. Alle hier sind tot. Alle hier drin sind tot. Es gibt niemanden mehr – nur Tote. Drei israelische Soldaten standen neben dem Offizier und sahen mich an, als ob ich verrückt wäre. Ich schaute den Offizier an, weil ich den Verdacht hatte, dass er selbst ein bisschen geisteskrank war. Nein, ich werde nicht gehen.

Einer der drei Soldaten legte seine Hand auf meinen Arm. „Im Lager sind Terroristen, und die werden Sie töten.“ Das stimmt nicht, antwortete ich. Da drin sind alle tot. *Riechen* Sie das nicht? Der Soldat sah mich ungläubig an. Wirklich, sagte ich, da drin wurden Frauen und Kinder ermordet. Es gibt auch tote Babys dort. Der Offizier machte eine abweisende Handbewegung. „Man wird Sie umbringen“, sagte er und ging weg.

Langsam fühlte ich mich wie eine Figur in einem dieser Mystery-Filme, die die Polizei anruft, um einen Mord zu melden, nur um selbst beschuldigt zu werden. Vielleicht wären die Leichen ja wieder verschwunden, wenn ich jetzt noch einmal hineinging nach Schatila. Vielleicht wären die

Straßen gereinigt und die zerstörten Slumhütten wieder aufgebaut, ihre toten Bewohner wären gerade dabei, Mittagessen zu kochen, oder sie würden in den Schlafräumen liegen und sich von der Hitze dieses frühen Nachmittags erholen. Ich ging hinüber zu einer der Infanteriekolonnen, die sich auf den Lagereingang zu bewegten, und folgte ihnen an der Seite eines großen, freundlich dreinschauenden Soldaten.

Was ist hier los? „Ich weiß es nicht. Ich darf nicht mit Ihnen sprechen." Nein, ernsthaft, was ist hier los? Der Mann lächelte. Er wollte sicher freundlich sein. Seine Uniform war schmutzig, und er hielt sein Galil-Sturmgewehr locker in der Hand, ein professioneller Soldat, der müde war und Freunde brauchte. Im Lager sind alle tot, sagte ich. Frauen, Kinder, alle ermordet. „Warum?", wollte er wissen. Ich fragte mich, ob er es wusste. „Die Christen waren dort", sagte er. Warum? „Ich weiß es nicht. Ich hab nichts damit zu tun. Ich war nicht dabei." Wir gelangten an das Lagertor. Er duckte sich.

Sogar dieser sympathische, freundliche Mann war nun bereit, gegen die Geister in den Kampf zu ziehen. Ich ging durch den Eingang von Schatila, stand aufrecht mitten auf der Straße. Wie besessen waren diese jungen Männer? Zu meinem Erstaunen duckten sie sich auf der einen Seite des Eingangs und rannten dann auf die andere Seite, eine Distanz von vielleicht zehn Metern, warfen sich mir zu Füßen und robbten weiter, ihre Gewehre auf das Innere des Lagers gerichtet. Die sind verrückt, dachte ich. Sie wiederum hielten natürlich mich für verrückt. Sie glaubten, ja sie waren geradezu besessen von der absoluten Gewissheit und Überzeugung, dass sich „Terroristen" in Schatila befanden.

Wie konnte ich ihnen nur klarmachen, dass die Terroristen weg waren, dass die Terroristen israelische Uniformen getragen hatten, dass die Terroristen von israelischen Offizieren nach Schatila geschickt worden waren, dass die Opfer der Terroristen keine Israelis waren, sondern Palästinenser und Libanesen? Ich versuchte es zumindest. Ich ging neben den Soldaten her und sagte ihnen, ich sei Journalist und fragte sie nach ihren Namen. Nach ein paar Minuten hatten sie sich an meine Anwesenheit gewöhnt. Also sprach ich mit Moshe, Raphael und Benny, die alle ihre schweren Gewehre auf der Straße nach Schatila getragen und alle Angst vor Terroristen hatten. Terroristen, Terroristen, Terroristen. Das Wort kam in jedem Satz vor, als ob es ein Satzzeichen wäre. Als könnte keine Erklärung, keine Meinung ohne die Anwesenheit von Terroristen zum Ausdruck gebracht werden.

„Da gibt's überall Terroristen", sagte Benny. „Seien Sie besonders vorsichtig." Benny stammte aus Ashkelon. Er war verheiratet und wollte bald wieder nach Hause. Er war nur in den Libanon gekommen, um die Terroristen zu beseitigen. Sobald die Terroristen aus Beirut vertrieben wären, würde er nach Hause gehen. Aber hatte die PLO[8] Beirut nicht schon *verlassen*? Hatte er die Evakuierung nicht mitbekommen oder darüber in der Zeitung gelesen? „Sie sind noch nicht abgezogen", sagte er. Viele von ihnen sind noch hier. Deswegen sind auch wir hier."

Aber hier, in diesem Bereich von Schatila, waren alle tot. „Davon weiß ich nichts. Aber Terroristen gibt's hier überall. Das ist ein sehr gefährlicher Ort hier. Haben Sie nicht die Schüsse gehört?" Ich erklärte ihm, dass die libanesischen Milizen nur auf die Israelis geschossen hatten, weil die Israelis nach West-Beirut einmarschiert waren, und dass einige Palästinenser versucht hatten, sich in Schatila gegen die Milizen zu verteidigen.

Es war sinnlos. Die Infanteriekolonnen marschierten weiter durch die südlichen Vororte von Beirut bis nach Galerie Semaan[9] – gegenüber dem Verlauf ihrer eigenen Belagerungslinie – und schließlich entschied sich irgendwer, irgendein „Terrorist" in den Ruinen dieser Frontlinie, sich der Besatzungsarmee zu widersetzen und das Feuer mit einem Gewehr zu eröffnen. Dem Schussgeräusch nach vermutete

8 Palestine Liberation Organization (dt. Palästinensische Befreiungsorganisation). Anm. d. Übers.

9 Fabrik, die im Bürgerkrieg zerstört wurde. Anm. d. Übers.

ich den Schützen in einer Gasse, die vom Boulevard Aris wegführte, aber die Israelis waren sich sicher, dass die Schüsse aus einer der Hausruinen kamen.

Sie warfen sich am Straßenrand in den Dreck, und ich sprang neben einem israelischen Major in den Straßengraben. Ein Schützenpanzerwagen kam die Straße herauf, und seine Besatzung eröffnete das Feuer auf die Ruinen mit einem Vulcan-Maschinengewehr, einer Waffe, die einen ununterbrochenen Projektilstrom auf ihr Ziel schoss und Gesteinssplitter wie Konfetti in die Luft schleuderte. Der israelische Major und ich lagen etwa 15 Minuten zusammengekauert im Straßengraben. Er fragte mich sehr arglos nach Schatila, und ich erzählte ihm, was ich gesehen hatte.

Dann meinte er: „Ich sag' Ihnen was. Die Haddad-Männer sollten eigentlich zusammen mit uns hineingehen. Auf zwei von ihnen mussten wir gestern schießen. Den einen töteten wir, der andere war nur verwundet. Zwei weitere nahmen wir mit. Sie haben etwas Schlimmes angerichtet. Mehr sage ich nicht dazu."

War das in Schatila?, fragte ich. War er selbst dort gewesen? Aber er sagte nichts mehr. In den darauf folgenden Tagen würde ich noch entdecken, dass die Geschichte des Majors nur zum Teil der Wahrheit entsprach. Dann kroch sein Funker, der neben uns im Dreck gelegen hatte, zu mir. Er war noch jung. Er wies mit der Hand auf seine Brust. „Wir Israelis machen so etwas nicht", sagte er. „Das waren die Christen."

Sie *wussten* also, was in Schatila geschehen war.

Und *wir* auch. Selbst jetzt, nach all den Warnungen, die wir erhalten hatten, nach all den Hinweisen und nachdem wir alle journalistischen Instinkte ausgeschaltet hatten – nachdem wir die Beweise in Schatila selbst gesehen hatten –, erfassten wir Reporter immer noch nicht völlig, was passiert war. Als ich zum AP-Büro zurückkehrte, stellte ich fest, dass weder Telex noch Computerverbindungen oder Telefone funktionierten. Steve Hindy vom Kairoer AP-Büro hielt den Bürodienst aufrecht. Hindy stritt sich mit seinen Mitarbeitern über das, was sie gesehen hatten.

„Bist du sicher, dass es ein Massaker war?“

Foley wedelte mit Fotos vor seinem Gesicht herum. „Sieh sie dir an, Steve. Du warst noch nicht dort.“

„Aber wie viele Tote gibt es dort?“

„Das ist doch scheißegal! Es war ein Massaker.“

„Ja, aber war es das wirklich? Im Libanon sind schon öfter Menschen auf diese Weise umgebracht worden.“

Ich saß in einer Ecke des Büros und hörte ihnen zu. Ich roch schlecht und war müde. Es war Samstag. *The Times* würde nicht vor Sonntagnacht herauskommen. Ich konnte nach Hause gehen, wenn ich wollte, aber das Gespräch war Teil jener Tragödie, die ich am Morgen mit eigenen Augen gesehen hatte. Wann wird Töten zur Gräueltat? Wann wird aus einem Gräuel ein Massaker? Oder, anders gefragt, wie viele Tote machen ein Massaker aus? Dreißig? Einhundert? Dreihundert? Wann ist ein Massaker kein Massaker? Wenn die Zahlen zu niedrig sind? Oder wenn das Massaker nicht von den Feinden Israels, sondern von seinen Freunden angerichtet wird?

Vermutlich ging es in dem Streit genau um diese Fragen. Wenn syrische Truppen nach Israel vorgedrungen wären, einen Kibbuz umzingelt und ihren palästinensischen Verbündeten erlaubt hätten, die jüdischen Einwohner abzuschlachten, hätte keine westliche Nachrichtenagentur ihre Zeit damit vergeudet, hinterher darüber zu streiten, ob man das ein Massaker nennen dürfe oder nicht.

Aber in Beirut waren die Opfer Palästinenser. Die Schuldigen waren mit Sicherheit christliche Milizionäre (von welcher speziellen Einheit, wussten wir noch nicht), aber auch die Israelis waren schuldig. Wenn sich die Israelis nicht selbst an dem Morden beteiligt hatten, hatten sie aber ganz sicher die Milizen ins Lager geschickt. Sie hatten sie trainiert, mit Uniformen ausgestattet und ihnen Verpflegung der US-Armee und medizinische Ausrüstung aus Israel bereitgestellt. Sie hatten den Mördern in den Lagern zugesehen, hatten die Milizen militärisch unterstützt (die israelische Luftwaffe half mit ihren Leuchtgeschossen den Milizionären, die die Bewohner von Sabra und Schatila ermordeten), und sie hatten mit den Mördern in den Lagern militärisch zusammengearbeitet.

All das war uns am späten Samstagnachmittag bekannt, aber Hindy diskutierte immer noch darüber, ob es sich um ein Massaker handelte.

„Geh hin und sieh selbst nach!", schrie Foley ihn an. Er hielt ein Foto nach dem anderen hoch, auf denen Leichen zu sehen waren, die einander in den Armen hielten. „Sieh dir das an!" Ein Bild von einem Baby, dem das Gehirn fehlte. „Oder das hier!" Eine Frau mit einem Brustdurchschuss. „Und dies hier und dies ...!" Foley redete heftig und eindringlich wie jemand beim Verkaufen obszöner Fotos an einen unwilligen Kunden am Strand. „Um Himmels willen, Steve, das war ein Massaker, ein *Massaker*!"

Ich ging nach Hause. Ich fühlte mich krank, mir war schlecht vom Geruch meiner Kleidung. Ich blieb mehr als eine Stunde unter der Dusche, aber ich wurde den Gestank nicht los. Vier Stunden, nachdem ich ins Bett gegangen war, wachte ich schweißgebadet und angewidert auf. Ich war überzeugt, dass die Leichen aus Schatila neben mir auf den Laken und Decken aufgestapelt waren, dass ich zwischen den Toten lag, dass sie alle mitten in meinem Zimmer waren, selbst der alte Herr Nouri. Ich konnte sie immer noch *riechen*, hier in meiner eigenen Wohnung. Am Morgen weigerte sich meine Putzfrau Ayesha, meine Kleidung zu waschen. „Bitte verbrennen sie die Sachen, Mr. Robert. Die sind nicht gut."

Am nächsten Tag hatte Schatila schon einen zweifelhaften Ruhm erlangt. Es war übervölkert mit Reportern und Kamerateams und Diplomaten. Zum ersten Mal seit dem Massaker waren dort mehr Lebende als Tote. Unter der Hitze blähten sich die Körper der Toten auf, wuchsen zu unvorstellbar unförmigen Gebilden an, schwollen derart an, dass Gürtel und Armbanduhren brutal in das verwesende Fleisch einschnitten. Unter der Sonne warfen die Leichen Blasen und köchelten hörbar vor sich hin, ölige Flüssigkeiten absondernd, die von den Exekutionsmauern in kleinen Rinnsalen wegliefen. Niemand konnte davon Fotos in den Zeitungen veröffentlichen oder die Wahrheit nachvollziehbar schildern.

Am Sonntagmittag funktionierte die Verbindung im AP-Büro wieder. Ich schickte eine lange Depesche über alles, was ich in Sabra und Schatila gesehen hatte, an *The Times*. Ich berichtete über die christlichen Milizen, die mit Israel verbündet waren, über den schändlichen Rückzug der israelischen Truppen aus dem Umkreis der Flüchtlingslager, das Scheitern der israelischen „Law and Order"-Mission in West-Beirut. Die Israelis fingen jetzt an, den Amerikanern die Schuld dafür zu geben.

Ausnahmsweise, aber nur für kurze Zeit, waren sich Palästinenser und Israelis politisch einig. Beide beschuldigten die Vereinigten Staaten. Zumindest die Palästinenser konnten das mit einiger Berechtigung tun. Philip Habib[10] hatte der PLO mitgeteilt, die Israelis würden West-Beirut dann nicht betreten, wenn die Guerillaeinheiten abgezogen würden. Die US-Marines hatten sich bereits frühzeitig aus Beirut zurückgezogen – nach nur 17 Tagen –, und die USA hatten ihr Versprechen gebrochen, als die Israelis in West-Beirut einmarschierten. So viel zu den Garantien.

Arafat[11] hielt sich in Damaskus auf, als ihm die Videoaufnahmen der Leichen gezeigt wurden. Er sagte, Philip Habib habe persönlich ein Papier unterzeichnet, mit dem den Palästinensern, die in West-Beirut verblieben waren, Schutz zugesichert worden sei. Er hatte Recht.

Während eines Abendessens in Oxford im Herbst 1987 gab Habib zu, dass Arafats Aussage gestimmt hatte. „Was

10 Philip Charles Habib (1920–92), US-Diplomat libanesischer Herkunft mit Einsätzen in Vietnam, Südkorea und dem Nahen Osten. Anm. d. Übers.

11 Jassir Arafat (1929-2004), ab 1969 Vorsitzender der PLO und von 1996 bis zu seinem Tod Präsident der palästinensischen Autonomiegebiete. Anm. d. Übers.

Arafat sagte, war absolut wahr", erklärte er. „Er hat absolut die Wahrheit gesagt. Ich habe das Papier unterzeichnet, mit dem diesen Leuten [den Palästinensern] in West-Beirut Unversehrtheit garantiert wurde. Ich hatte dazu Garantien von Baschir[12] und von den Israelis erhalten – von Scharon. Ich saß auf meiner *Terrasse* mit Blick auf die Bucht von San Francisco, als ich hörte, was geschehen war. Ich wurde telefonisch darüber informiert. Ich rief den Präsidenten an. Ich erinnere mich nicht mehr, was ich sagte oder was der Präsident sagte. Was in Schatila passiert ist, hat mich nie mehr in Ruhe gelassen. Nein, ich habe hinterher nicht mit Arafat darüber gesprochen. Das war nicht nötig. Die Palästinenser wussten, was ich darüber dachte."

Die Palästinenser gaben grundsätzlich den Israelis die Schuld, nicht ganz ohne Grund. Israel hatte die Mörder in die Lager geschickt. Aber die israelischen Behörden gaben die Schuld sofort den Amerikanern. Kein geringerer als General Rafael Eitan, der israelische Oberbefehlshaber, hielt in der Nähe des Sportstadions eine eilig angesetzte Pressekonferenz ab, in der er Morris Draper, dem amerikanischen Unterstaatssekretär für Nahost-Angelegenheiten, vorwarf, dieser habe sich geweigert, einen Kontakt zwischen den Armeen Israels und des Libanon herzustellen. Weil die Amerikaner keine Gespräche zwischen den Israelis und Libanesen ermöglicht hätten, wären die Israelis nicht in der Lage gewesen, die libanesische Armee zu bitten, nach Baschir Gemayels Tod in West-Beirut einzumarschieren, und deshalb hätten sie die christlichen Milizen bitten müssen, den Job zu erledigen.

---

12 Baschir Gemayel (1947-82) war christlich-maronitischer Milizenführer und 1982 gewählter Präsident des Libanon. Sein Vater Pierre Gemayel hatte 1936 nach einem Besuch in Deutschland die Kata'ib (Phalange-Partei) nach dem Vorbild der faschistischen Parteien in Europa gegründet. Baschir Gemayel war Gründer der Forces Libanaises (FL). Nach seiner Wahl zum libanesischen Präsident im August 1982 und zwei Wochen vor seiner Ermordung am 14. September 1982 soll er sich mit dem israelischen Ministerpräsidenten Menachem Begin getroffen haben, um einen Friedensvertrag zwischen Israel und dem Libanon auszuhandeln. Anm. d. Übers.

Selbst wenn jemand dieses Argument ernst genommen hätte, hätte er dabei schwerlich die Tatsache übersehen können, dass die Israelis in den vorangegangenen drei Wochen zahlreiche libanesische Armeekasernen unter ihr Kommando gestellt hatten und deshalb einen eher vertraulichen Kontakt mit den libanesischen Militärbehörden unterhielten, ohne Unterstützung von den Amerikanern. Tatsächlich salutierten die libanesischen Soldaten fast immer, wenn israelische Soldaten ihre Checkpoints passierten.

Im Verlauf des Sonntagnachmittags kam es zu einer erneuten Panik in Schatila, als Überlebende gerüchteweise hörten, die Phalange und Major Haddads Miliz würden in das Lager zurückkehren, um ihren Auftrag zu beenden. Hunderte Menschen flohen zum Ausgang des Flüchtlingslagers und ließen Mitarbeiter des Roten Kreuzes zurück, die die geöffneten Massengräber inspizierten. Einzelne Palästinenser erbaten sogar flehentlich das Eingreifen israelischer Soldaten, um sie zu beschützen. Sie hätten sicher anders darüber gedacht, wenn sie gehört hätten, wie Eitan auf der Pressekonferenz ankündigte, seine Armee könnte die christlichen Milizen nicht daran hindern, die Lager zu betreten, weil „sie Libanesen sind und das hier Libanon ist – sie können sich überall in ihrem Land frei bewegen". Diese Behauptung hätte keiner näheren Betrachtung standgehalten. Die israelischen Truppen hätten es niemals muslimischen Milizen erlaubt, Ost-Beirut zu betreten – obwohl auch sie Libanesen waren –, und zu behaupten, die Milizen hätten das Recht gehabt, in Schatila einzufallen, war nichts anderes, als angesichts des Mordens beide Augen zuzudrücken.

Obwohl die Mitarbeiter des Zivilschutzes, die mit der Leichenbergung beauftragt waren, mit Gasmasken ausgestattet wurden, um sich vor dem Verwesungsgeruch zu schützen, bedeckten viele Männer und Frauen ihre Nase und Mund nur mit Taschentüchern bei der Suche nach ihren Angehörigen. Am 20. September entdeckte das Libanesische Rote Kreuz zwei weitere Massengräber und barg dabei 120

Opfer des Massakers. Die Überlebenden beharrten weiterhin darauf, dass Haddads Miliz hauptverantwortlich für das Morden gewesen war, und als zwei von Haddads Panzerfahrzeugen – die sie von den Israelis erhalten hatten – die Hamra-Straße hinunterfuhren, brach erneut eine Panik unter den verbliebenen Palästinensern aus.

Wir verbrachten jeden Tag Stunden in den Lagern, zählten die Leichen, sprachen mit mehr und mehr Zeugen, die sich während des Massakers versteckt hatten und entsetzliche Geschichten über das Gemetzel zu erzählen wussten. Viele berichteten, die Milizionäre hätten sich gegenseitig mit Namen angeredet, die sie als schiitische Muslime auswiesen. Die Phalange ist eine fast ausschließlich maronitische Kraft, aber in Haddads Miliz gab es viele Schiiten – nach Angaben der Israelis war die Mehrheit der Milizionäre Schiiten –, und die Überlebenden beschrieben sehr detailliert die Abzeichen und Embleme von Haddads Leuten auf den Uniformen der Mörder.

Tveit und ich wussten, dass libanesische Armeeeinheiten, die nahe dem Flughafen stationiert waren, gesehen haben mussten, wie sich die Milizionäre zwischen dem 16. und 18. September im Gebiet von Sabra und Schatila bewegt hatten. Vier libanesische Armeeoffiziere und ein Angehöriger der libanesischen Gendarmerie, stationiert in Hay al-Sellum, nördlich von den Start- und Landebahnen des Flughafens, erzählten uns am 20. September, sie hätten beobachtet, wie 24 Stunden vor dem Beginn des Massakers libanesische Milizionäre mit einer Hercules-Transportmaschine der israelischen Luftwaffe am Beiruter Flughafen angekommen waren. Die Soldaten hatten Angst; sie wussten, welches Schicksal sie vermutlich erwartete, wenn die christlichen Milizionäre sie verdächtigen würden, solche Informationen preisgegeben zu haben.

Im Flughafen-Terminal erfuhren Tveit und ich, dass am Donnerstag zuvor, dem 16. September, zwei Hercules C130 auf Rollfeld 1 gelandet waren, aus denen Jeeps und bewaffnete Männer ausgeladen wurden. Die Männer waren zu weit entfernt gewesen, sodass die Bediensteten des Flughafens sie nicht identifizieren konnten. Aber sie hatten sich gemerkt, dass eine der Maschinen fast umgehend wieder gestartet und Richtung Süden abgeflogen war. Die andere Hercules-Maschine blieb einige Stunden auf dem Rollfeld stehen. Die Israelis erwiesen sich als wenig hilfreich: Ein israelischer Sicherheitsoffizier auf dem Militärgelände neben dem Flughafen erklärte, er könne sich nicht daran erinnern, dass am 16. September irgendwelche Maschinen gelandet wären. Auf unserem Rückweg nach Schatila fanden Tveit und ich aber auf der Strecke vom israelischen Militärgelände am Flughafen zur Straßenkreuzung von Kfarshima [in Richtung Schatila] fünf Wegweiser aus Metall, auf denen in arabischer Sprache „Phalange MP“ geschrieben stand.

Auch ein Mitarbeiter der Organisation der Vereinten Nationen zur Überwachung des Waffenstillstands (UNTSO) hatte gesehen, wie bewaffnete Männer am 16. September den Flughafen verließen. Er sagte, einige hätten Abzeichen der Phalange-Miliz getragen, während andere in den Uniformen von Haddads Miliz gekleidet gewesen waren.[13] Im Lager wurde uns erzählt, die ersten Toten hätte es am Donnerstagmorgen gegeben, als bewaffnete Männer in 30 offenen Lastwagen ankamen. Die Killer hätten begonnen, Frauen und Kindern in Schatila die Kehlen durchzuschneiden. Später hätten sie dann mit Gewehren auf alle geschossen, die aus ihren Haustüren getreten waren. Aber erst am Freitag-

13 Die beiden Milizen waren einfach zu identifizieren. Die Phalangisten trugen ein Abzeichen mit einer dreieckigen Zeder und den arabischen Wörtern *Kalá ib Lubnaniya* auf der Brust. Haddads Männer trugen als Abzeichen ein goldenes Schwert vor einer Zeder, die wie ein natürlicher Baum dargestellt war – im Gegensatz zur symbolischen Darstellung der dreieckigen Zeder bei den Phalangisten –, unter der geschrieben stand: „Armee des Freien Libanon“ (sic). Zu dieser Zeit behaupteten libanesische Zeitungen, die Israelis hätten Haddads Männer in Phalangisten-Uniformen nach Schatila geschickt, um dem neuen libanesischen Präsidentschaftskandidaten – Baschir Gemayels schwachen und politisch unzuverlässigen Bruder Amin – zu schaden und dadurch die Wahlchancen für den Gegenkandidaten Camille Chamoun zu verbessern, der zu Israels politischem Liebling aufgestiegen war. Das Komplott ging weiter.

nachmittag, den 17. September, so hieß es, hätte das „wirkliche“ Massaker mit dem massenhaften Morden begonnen.

Ich schickte einen Bericht an *The Times*, in der ich davon sprach, es würden sich Beweise verdichten, „dass die israelische Armee – ohne die Präsenz rechter Milizen während des Massakers an Palästinensern von letzter Woche in Schatila ignorieren zu wollen – am letzten Donnerstag tatsächlich mehrere hundert Milizionäre von Major Saad Haddad vom südlichen Libanon nach Beirut transportiert hatte und den Milizen gestattete, den Eingang zum Lager Schatila schon mehrere Stunden vor Beginn des Massakers zu kontrollieren…“ Am nächsten Tag denunzierten die Israelis meinen Bericht als „bösartig“; erst später gaben sie zu, dass zwei Hercules-Maschinen *tatsächlich* am 16. September in Beirut gelandet waren. Aber in den Maschinen hätten sich nur israelische Soldaten befunden.

Dann ereignete sich etwas sehr Merkwürdiges. Die Israelis machten nicht länger ein Geheimnis daraus, dass die Phalangisten für das Massaker verantwortlich waren. Die Israelis hatten die Phalangisten trainiert und mit Uniformen ausgestattet, ebenso wie Haddads Milizionäre. Sie waren mit fast den gleichen Waffen ausgerüstet wie Haddads Männer. Sie erfüllten präzise die gleichen brutalen Aufgaben in den von Israel besetzten Gebieten von Chouf, Metn und nun in West-Beirut, wie es Haddads Männer im Süden des Libanon taten. Tatsächlich waren die Phalangisten politisch gesehen engere Verbündete als Haddads Miliz. Trotzdem deckten die Israelis bereitwillig die Beteiligung der Phalangisten am Massaker auf. Vertrauliche Presseinformationen in Tel Aviv nannten sogar den Namen des Kommandeurs der Phalangisten in Schatila, einen gewissen Elie Hobeika. Aber das bloße Erwähnen der möglichen Beteiligung von Haddad versetzte die Israelis in Rage. Warum?

Warum war Haddads Name so sakrosankt, während man die Reputation der Phalange so leicht opferte? Wir hatten sofort den Verdacht, die Phalangisten wären nicht mehr von

Nutzen für die Israelis. Nach dem Mord an Baschir Gemayel waren die Phalangisten vielleicht doch eine nützliche Kraft – um beispielsweise die „Terroristen aus West-Beirut zu verjagen“ –, aber politisch waren sie nicht länger wichtig. Gemayels Tod zerstörte jede unmittelbare Hoffnung Israels auf einen israelisch-libanesischen Friedensvertrag. Haddads bunt zusammengewürfelte Armee erwies sich jedoch als wichtiger als je zuvor. Wenn Israel sein Abenteuer im Libanon beenden musste, dann wäre der Haddad-Miliz die Aufgabe zugefallen, Galilea vor dem Einsickern der Guerilla zu schützen, auch wenn genau das einem Eingeständnis gleichgekommen wäre, dass die ganze Invasion ihre Ziele nicht erreicht hatte.

Ich war entschlossen, mit Haddad zu sprechen – möglichst ohne die Präsenz des israelischen Armeeoffiziers, der nicht von der Seite des Majors wich, wenn dieser mit der Presse sprach. Am 21. September machte ich mich auf den Weg in den tiefen Süden des Libanon. Ziel war Haddads Heimatort Marjayoun, von wo aus er blutige Attacken auf Soldaten der Vereinten Nationen und die Dörfer der schiitischen Muslime im Norden geführt hatte. In Beirut wurden zu dieser Zeit immer noch die Leichen der Opfer ausgegraben. Aber die lange Autofahrt führte mich durch einen wunderbaren Herbsttag mit hohen Kumuluswolken, die langsam über die Berge von Jezzine zogen, und durch einen bläulichen Dunstschleier, der sich in der Abenddämmerung auf die Täler herab senkte. Von Marjayoun aus konnte ich die Lichter des nächstgelegenen israelischen Kibbuz sehen und den Zug der israelischen Lastwagen und Militärfahrzeuge beobachten, der sich in einem Konvoi nordwärts Richtung Arkoub und der Bekaa-Ebene wandte.

Haddads Haus befand sich in einer engen Straße und wurde nur durch einen einsamen Posten bewacht, der eine Zigarette nach der anderen rauchte. Ich bat darum, den Major sprechen zu dürfen. Vielleicht morgen, antwortete er. Ich bat den Mann, für mich zu Haddad zu gehen und ihm zu sagen, dass ich die weite Reise von Beirut gemacht hatte, um ihn zu sehen. Der Milizionär ging ins Haus und kehrte nach zwei Minuten zurück. „Es tut mir leid“, sagte er und zuckte mit den Schultern. „Er ist sehr müde.“ Ich nahm mein Notizbuch heraus und schrieb eine kurze unfreundliche Nachricht an Haddad, dass ich einigen Ärger riskiert hatte, um ihn zu sehen, und wie wichtig es für ihn sei, die Beteiligung seiner Milizen an dem Massaker zu klären, wo seine Feinde doch nun behaupten würden, er stecke hinter den Morden. Außerdem teilte ich ihm mit, mein Herausgeber würde sauer auf mich, wenn Haddad nicht mit mir spräche.

Ich ließ mich gegenüber vom Haus im Ufergras nieder, umarmte meine Knie wegen der Kälte und wartete, ob der Gentleman aus Marjayoun, der schlimmste Alptraum der Vereinten Nationen, meinen Köder schluckte. Drüben auf der anderen Straßenseite in dem grauen, reizlosen Haus lebte der Mann, der ganze Dörfer bombardieren lassen würde, nur weil sein Wasserspeicher leer war. In diesem Gebäude mit den Zigarettenkippen auf den Treppenstufen lebte ein Mann, der – nicht lange vor der israelischen Invasion – am Ostersonntag drei Granaten auf Sidon feuern ließ, die jeden einzelnen Gast des Cafés am Ende der Riad-Solh-Straße zerfetzte. Als sich die Tür öffnete, kam ein weiterer Milizionär heraus, ein Kettenraucher wie der Posten am Ende der Straße, ein dünner Mann in einem zerknitterten grünen Armeeoverall, der sehr müde aussah.

Erst als er nur noch etwa zehn Meter entfernt von mir stand, bemerkte ich, dass es Haddad selbst war. Er wirkte schlanker als einen Monat zuvor in Galerie Semaan, als ich Zeuge geworden war, wie er die abziehende 85. Brigade der syrischen Armee mit obszönen Gesten verabschiedete. „Was wollen Sie?“, fragte er. Er sagte es nicht freundlich, sondern eher mit einer Art Groll. „Ich bin sehr müde.“ Seine Tränensäcke waren angeschwollen. Er sah krank aus. Ich wiederholte, was ich ihm in meiner kurzen Notiz mitgeteilt hatte.

Er ging zum Haus zurück, bat mich aber nicht, mit ihm hinein zu gehen. Er setzte sich draußen auf die Stufen, zog gierig an seiner Zigarette. Er war atemlos, aber begierig darauf zu reden. Ein kleines Mädchen mit langen lockigen Haaren, Haddads Tochter, lief die Treppen hinunter und fing an, auf der staubigen Straße zu spielen. Hier gab es keinen israelischen Presse-„Berater", der Haddads Worten eine bestimmte Richtung gegeben hätte. Haddad redete so vertraulich, als wäre es ungewohnt für ihn, eine Gelegenheit zu haben, selbst für sich zu sprechen. „Wir sind unschuldig, wir sind friedlich, wir haben niemandem etwas zuleide getan", sagte er. „Ich bin immer offen und ehrlich. Wenn ich etwas mache, dann leugne ich es nicht und stehe ohne Angst dazu. Sie bringt mich um, diese Beschuldigung, dass wir uns an dem Morden beteiligt hätten. Das ist mehr als ein Verbrechen – die Beschuldigung ist schlimmer als das Verbrechen selbst."

Das war keine Stellungnahme, die man so einfach an die palästinensischen und libanesischen Überlebenden von Sabra und Schatila weitergeben konnte. Aber ich wollte Haddad nach den Bewegungen seiner Miliz fragen und nach den verblüffenden Bemerkungen, die der israelische Major mir gegenüber gemacht hatte, als wir in Galerie Semaan im Straßengraben lagen, während das Vulcan-Maschinengewehr die Hausruine in Stücke schoss. Stimmte es, dass er am 17. September am Beiruter Flughafen gewesen war?

„Ja, ich war auf dem Flughafen", antwortete er. „Ich bin in einem Helikopter hingebracht worden, einem israelischen Helikopter. Aber ich war auf dem Weg nach Bikfaya, um der Familie Gemayel wegen dem Tod Baschirs meine Aufwartung zu machen. Ich werde einfach müde, wenn ich lange Wege fahren muss. Ich bin am Freitag etwa um neun Uhr in Beirut eingetroffen, und ich habe den Flughafen irgendwann nachmittags wieder verlassen. Die genaue Zeit weiß ich nicht mehr. Aber ich war in der Zwischenzeit in Bikfaya, nicht in Beirut: Es gibt ein Foto von mir im Haus der Gemayels in der Zeitung *Al Anwar*."

Tatsächlich gab es ein solches Foto auf Seite Drei der

Ausgabe dieser Zeitung vom 18. September. Was war aber mit den Anschuldigungen, die Dutzende von Überlebende vorgebracht hatten, dass seine Männer zu genau diesem Zeitpunkt in ihren Uniformen im Lager Schatila wüteten und Frauen und Kinder umbrachten? Haddads umfassende Rückbesinnung – die Gedanken eines Mannes mit einem hieb- und stichfesten Alibi – wich einem Wutanfall. „Das sind alles Lügner", knurrte er. Jetzt kam wieder jener Haddad zum Vorschein, den man weithin kannte, der abtrünnige Major, der in der Lage war, durch eine Drohung über Funk Angst und Schrecken auszulösen. „Die meisten von denen werden von der PLO bezahlt."

Aber dann schwieg er für eine lange Zeit. Er wollte die Beherrschung nach seinem Wutausbruch wiedergewinnen, spreizte seine Finger und sah sie an. „Vielleicht haben die ein paar von unseren Abzeichen gesehen, weil ein paar von unseren Leuten möglicherweise bei anderen Streitkräften in Beirut Dienst tun. Offiziell war von meinen Männern keiner in Beirut. Nebenbei bemerkt sammeln manche Leute auch Abzeichen als Souvenirs und haben sie vielleicht benutzt, als die Leute umgebracht wurden." Während er das sagte, tippte Haddad auf ein Plastikabzeichen mit einem goldenen Schwert vor einer Zeder, das als Rangabzeichen an seiner Uniform prangte. „Diese Leute behaupten, dass wir Panzer und Bulldozer in Beirut eingesetzt haben. Aber ich habe nur einen Caterpillar und der befindet sich gerade zur Reparatur in Israel."

Und was war mit dem Beweis, den der israelische Major angeführt hatte, das zumindest einer von Haddads Leuten von den Israelis in Beirut erschossen wurde? Haddad rieb sich die Augen. „Drei von unseren Leuten fuhren am Freitag nach Beirut", sagte er, „weil sie von dem Morden gehört hatten und ihre Verwandten in der Gegend von Mseitbeth retten wollten. Die Männer stammten hier aus dem Süden ... sie hatten Streit mit ein paar Mitgliedern der Libanesischen Sozialistischen Partei in Beirut. Einer dieser Männer wurde verwundet und die anderen beiden suchten Zuflucht bei der IDF."[14]

Wenn diese Männer aber von dem Massaker schon am Freitag wussten, hatte dann nicht auch Haddad Kenntnis davon gehabt, was dort geschah? „Nein, wir wussten nichts davon. Weder Amin Gemayel noch ich sprachen darüber. Hören Sie, seit sieben Jahren befinden wir uns permanent im Kampf. Ich werde von jedem, der meint, dass meine Leute auch nur einen einzigen Massenmord an Libanesen oder Nichtlibanesen begangen haben, Beweise fordern. Unser Krieg ist gegen Terroristen und Syrer gerichtet. Die Terroristen sind weg – aus Beirut. Deshalb haben wir keinen Grund, dorthin zu gehen und gegen Libanesen oder Palästinenser zu kämpfen. Wenn wir die Absicht gehabt hätten, Palästinenser zu bedrohen, dann würden wir es bei den mehr als Hunderttausend von ihnen südlich des Awali-Flusses tun, wo wir gegen sie vorgehen dürfen. Sie können ja bei denen nachfragen, ob wir jemals einen getötet haben..."

Laut Haddad konnte seine Miliz „nichts tun, ohne sich mit der israelischen Armee zu koordinieren". Das wiederholte er mehrmals. „Es ist nicht möglich, irgendwelche individuellen Aktionen vorzunehmen. Jeder Schritt muss mit der IDF koordiniert werden. Wir haben strikte Anweisungen, nicht den Awali-Fluss nach Norden zu überqueren." Während seine Worte bestätigten, was die Vereinten Nationen seit langem behaupteten – dass die Israelis jeden Gewaltakt, den Haddads Miliz begangen hatte, abgesegnet hatten –, waren sie jedoch auch unwahr in einem unmittelbaren Sinn. Der Awali-Fluss verläuft genau nördlich von Sidon, dennoch hatte ich auf meinem Weg zum Treffen mit Haddad gesehen, wie seine Milizionäre mit den Schwert-und-Zeder-Abzeichen auf ihren Uniformen zehn Meilen nördlich des Flusses neben israelischen Truppen gesessen hatten.

14 IDF = Israel Defense Force. „Israelische Verteidigungsstreitkräfte" ist der offizielle Name des israelischen Militärs. Anm. d. Übers.

Aber Haddad wusste um seine Bedeutung in der libanesischen Geschichte. „Ich werde Ihnen sagen, warum manche Leute solche Sachen über mich erzählen", sagte er gegen Ende unserer Begegnung. „Im Libanon gab es zwei starke Männer – Baschir Gemayel und Haddad. Baschir wurde umgebracht, nun wollen sie auch Haddad ans Leder. Es sind Libanesen, die solche Sachen sagen. Sie mögen keine Patrioten wie mich."

Wollte er andeuten, dass die Phalange ihn des Massakers beschuldigte, und dass die Phalange ihren eigenen Führer, Baschir Gemayel, umgebracht hatte? „Ich habe das Wort ‚Phalange' noch kein einziges Mal in den Mund genommen", sagte er. Er erhob sich. Ich fragte ihn ein weiteres Mal, wie viele seiner Männer wirklich am 17. September in Beirut gewesen waren. Er hatte nicht erwartet, dass ihm diese Frage noch einmal gestellt würde, weshalb seine Antwort spontan kam und aufschlussreich war. „Es handelte sich vielleicht um zehn, die in einer anderen Armee Dienst taten. Vielleicht auch 20 …" Er hielt inne. „Aber mit diesem Treiben habe ich nichts zu tun. Nein, ich wüsste nicht einmal, wo Schatila liegt."

In mancherlei Hinsicht warfen Haddads Äußerungen nur neue Fragen auf. Wer waren diese „zwanzig" Mann, die am 17. September vielleicht in Beirut „in einer anderen Armee Dienst getan hatten"? Versuchte Haddad den Eindruck zu vermitteln, Elemente der Phalange seien in den Mord an Gemayel verwickelt? Wenn ja, warum? Keine dieser Fragen berührte jedoch das Thema, dass Tveit und mich vorrangig beschäftigte.

Wir wollten noch immer wissen, was wirklich in der fraglichen Zeit zwischen dem 16. und 18. September passiert war. Insbesondere waren wir gefesselt von dem Gedanken, *wie* so etwas geschehen konnte. Wir hofften darauf, die Identität der Missetäter und den Grad der Schuld der Israelis aufzudecken, die die Milizionäre in die Flüchtlingslager geschickt hatten und dann zusahen, wie das Massaker begangen wurde. Aber dies berührte eben jenen Punkt, der uns am meisten mit Sorge erfüllte: Wie konnte eine Armee, die von der „Reinheit der Waffen“ in ihren Kriegen sprach, die lautstark die Moral ihrer Männer verteidigte, die die Kinder des Holocaust repräsentierte, solche Gräuel zulassen?

Wir suchten jedes Fernsehteam auf, das entweder kurz vor oder während des Massakers in der Gegend von Schatila gefilmt hatte. Wir sprachen mit allen Diplomaten und Reportern, die sich zwischen dem 16. und 18. September in der Nähe des Lagers aufgehalten hatten. Zu diesem Zeitpunkt hatten sie nichts bemerkt von dem Gemetzel, das sich im Innern der Lager ereignete, aber ihre Aussagen würden sicherlich einige Hinweise über die Ereignisse erbringen, die nur wenige Meter entfernt geschahen.

James Pringle von *Newsweek* zum Beispiel war am Freitagnachmittag um vier Uhr beim Eingang von Schatila eingetroffen und auf einen Milizionär zugegangen, den er als Angehörigen der Truppen Haddads erkannt hatte. Befragt, was im Lager vor sich ging, antwortete der Milizionär, ein untersetzter Mann mit Schnauzbart, einfach: „Wir metzeln sie nieder.“ Pringle tat dies zu jenem Zeitpunkt als einen schlechten Scherz ab. Etwa 40 Meter weiter traf er auf einen israelischen Offizier, der sich als „Oberst Eli“ zu erkennen gab und erzählte, er sei 53 Jahre alt und stamme aus Tel Aviv. Pringle berichtete, „Eli“ habe ihm erzählt, die Israelis würden „dieses Gebiet nicht säubern [sic]“. Gefragt, was passieren würde, wenn die christlichen Milizionäre außer Kontrolle geraten würden, antwortete „Eli“: „Ich hoffe, dass das nicht passieren wird.“

Wir trugen alle israelischen Pressemitteilungen zusammen, die zwischen dem 16. und 18. September herausgegeben worden waren, wovon die am meisten belastende jene war, die am 16. September um 11:20 Uhr verlauten ließ, dass „die IDF alle Schlüsselstellungen in Beirut kontrolliert. Flüchtlingslager, die Ansammlungen von Terroristen beherbergen, bleiben umstellt und abgeriegelt. … Der Sprecher der IDF wiederholt und betont, dass entgegen des Abkommens [über die vorangegangene PLO-Evakuierung] eine große Zahl von Terroristen in Beirut verblieben ist, die zusätzlich zu ihren persönlichen Waffen und Panzer-Abwehrwaffen verschiedene Arten von Granatwerfern in ihrem Besitz haben."

Die „Terroristen" waren libanesische Milizen, die nach den Bestimmungen des Evakuierungsabkommens ausdrücklich *nicht* verpflichtet waren, Beirut zu verlassen. Aber die Schlüsselwörter lauteten: *„umstellt und abgeriegelt"*. Die Israelis hatten die Flüchtlingslager unter ihrer Kontrolle. Sie gaben es zu. Deswegen lag auch die Verantwortung für das, was in den Lagern geschah, bei ihnen. Aber das beantwortete immer noch nicht die Frage: Wie war es möglich, dass man ein solches Massaker überhaupt zuließ?

Tveit hatte Stunden von Rohschnittmaterial, ausrangierten Bänder und nicht genutztem Filmmaterial besorgt, das in der Zeit des Massakers in den Schneideräumen der Beiruter Büros verschiedener ausländischer Fernsehnetzwerke liegen geblieben war. Zu diesem Zeitpunkt hatten die Teams natürlich noch keine Ahnung von der Bedeutung dessen, was sie gefilmt hatten. Aufnahmen von Frauen auf einem Lastwagen, denen untersagt wurde, Sabra und Schatila zu verlassen, oder von einem sehr alten Mann mit einem grauen Bart und einer Wollmütze, dem befohlen wurde, wieder nach Schatila hineinzugehen, waren für sie ohne Bedeutung gewesen. Dieses Filmmaterial wurde nie gesendet und wäre möglicherweise zur Gänze weggeworfen worden, wenn Tveit nicht darum gebeten hätte, es ansehen zu dürfen.

Mit Hilfe von Mitarbeitern amerikanischer TV-Sender – und besonders eines mutigen Kamerateams des dänischen Fernsehens – reihte er mehr als eine Stunde Material aneinander, das um Schatila herum in den entscheidenden drei Tagen aufgenommen worden war. Wir sahen uns das Band auf Tveits Videorekorder an. In grober Folge flimmerten die Aufnahmen über den Bildschirm – er hatte den Film noch nicht fertig geschnitten –, aber die Szenen waren gerade deswegen besonders eindrucksvoll.

Wir sahen Geschichte im Rohschnitt. Ein Lastwagen voller Frauen will Schatila verlassen, aber ein Milizionär – zu weit entfernt, um sein Abzeichen erkennen zu können – befiehlt dem Lastwagenfahrer, ins Lager zurückzukehren. Die Frauen schreien und weinen, aber die Tonspur gibt ihre Worte nicht klar wieder. Ein libanesischer Armeejeep fährt vor dem Eingang vor; Phalangisten befehlen den libanesischen Soldaten, mit erhobenen Händen das Lager zu betreten. Ein Phalangist richtet sein Gewehr auf die Kamera und flucht dabei. Das Objektiv wird zum Boden gesenkt und dann wieder wagemutig zurück auf den Phalangisten und den Jeep gehalten.

Wieder und wieder drückt Tveit die Rückspultaste, sodass der Jeep immer wieder auftaucht, dann drückt er die Pausentaste in jenem Moment, als das Kennzeichen des Fahrzeugs klar genug zu erkennen ist: „502493“. Die nächste Szene zeigt einen alten Mann mit Wollmütze und Bart. Mir stockt der Atem. Auch Tveit erkennt ihn sofort wieder: „Herr Nouri“, sagen wir beide. Ja, es ist Herr Nouri, dessen Leiche wir am 18. September auf einem Müllhaufen fanden, der 90-jährige Palästinenser, den seine Nachbarin wiedererkannte, als er dort in der Sonne lag. Wir spielen das Band zurück. Nouri geht in das Lager zurück. Wir spielen das Band noch weiter zurück. Nouri bittet den Phalangisten am Lagereingang um irgendetwas und der Milizionär zeigt zurück ins Lager. Nouri wird es nicht verlassen dürfen. Er ist verloren. Die Kamera ist nicht nah genug an ihm, um uns seinen Gesichtsausdruck zu zeigen. Weiß er, was dort passiert? Wir lassen ihn noch mehrere Male auf den Phalangisten zugehen. Wieder und wieder lassen wir ihn in das Lager zurückgehen. Für kurze Zeit ist er auf unserem Bildschirm ins Leben zurückgekehrt.

Das Band springt zur nächsten Szene. Zu sehen sind israelische Truppen, bewaffnet, in der Nähe des Stadions. Es ist der Abend des 16. September, Donnerstag. Eine ältere Palästinenserin in einem geblümten Kleid und mit gelbem Kopftuch steht weinend und bittend vor einem Soldaten, einem jungen israelischen Leutnant, der vor einem Haus auf einem Stuhl sitzt. Beide sprechen Arabisch.

Die Palästinenserin: Wer ist der diensthabende Offizier?

Israelischer Soldat: Sie können mit mir sprechen.

Frau: Sie haben meinen Ehemann und meine beiden Söhne mitgenommen, und sie haben einem meiner Söhne die Zähne eingeschlagen, und wir mussten uns lange auf den Boden setzen ohne Wasser und Essen, und wir hatten auch ein kleines Baby bei uns... Sind sie hergekommen, um uns zu beschützen?

Soldat: Wer hat das getan? Die *Kata'ib*? [Phalange]

Frau: Ja. Die *Kata'ib* kam nach Sabra-Schatila, und jetzt dürfen wir nicht mehr in unsere Häuser zurück.

Soldat: Wo ist Schatila?

Frau: Dort drüben. Wir akzeptieren ihre Anwesenheit, wenn sie hergekommen sind, um uns zu helfen.

Soldat: Wenn ich die *Kata'ib* gesehen hätte, hätte ich mit ihnen geredet. Aber ich habe niemanden gesehen. ... Ein paar Leute haben uns erzählt, hier wären keine Terroristen – aber selbst in diesem Haus haben wir zehn [von ihnen] gefunden und sie waren bewaffnet.

Frau: Aber sind sie damit einverstanden, dass die *Kata'ib* unsere Familien umgebracht hat? Wenn Sie in Schatila nachsehen, dann finden Sie die Opfer. Gehen Sie hin. Wir können Ihnen die Opfer zeigen. Die haben ein neun Monate altes Kind umgebracht. Ist das barmherzig? Bitte bringen Sie mir meine Kinder zurück.

Soldat: Wo sind ihre Kinder?

Frau: Die *Kata'ib* hat sie mitgenommen. Sie haben auch alte Leute umgebracht, eine alte Frau, einen alten Mann. Sie haben sie vor meinen Augen umgebracht. Ich hab' es mit eigenen Augen gesehen.

Soldat: Ich kann nichts für sie tun. Gehen sie nach Hause. Vielleicht ist die *Kata'ib* jetzt wieder weg.

Die Aufnahmen wurden für *Visnews* von einem amerikanischen Kameramann gemacht, der kein Arabisch sprach. Er hatte keine Ahnung, was die Frau und der Soldat gesagt hatten. Dieses Band wäre weggeworfen worden, wenn Tveit es nicht gefunden hätte. Der israelische Soldat scheint nicht beunruhigt zu sein durch das, was er zu hören bekommt. Er sieht weg. Der Clip ist zu Ende. Dann sehen wir die Außenmauer des Lagers, gleich oberhalb des Stadions. Drei israelische Soldaten in israelischen Uniformen lagern auf dem Bürgersteig und essen von den gekochten Essensrationen zu Mittag. Die Kamera schwenkt nach links, und zwei Milizionäre mit automatischen Waffen steigen durch ein Loch in der Mauer. Sie rufen den israelischen Soldaten etwas zu, und die Kamera zoomt die beiden Männer näher heran. Das sind die Mörder von Schatila. Sie sind um die dreißig, leicht fett, und sie lächeln höhnisch. Ihre Gesichter zeigen ein widerlich breites Grinsen, und sie rufen den Israelis etwas Unverständliches zu. Dann bemerken sie die Kamera und das Grinsen vergeht ihnen. Einer der Israelis steht auf, zeigt auf die Kamera und das Band endet.

Ja, die Israelis haben es *gewusst*. Einige der israelischen Soldaten, die sich in der Gegend von Schatila befanden – anständige, ehrliche Männer, die das, was sie gehört oder sogar gesehen hatten, nicht akzeptieren konnten – erzählten den Journalisten nun im Vertrauen, ja, sie hätten gewusst, was passierte. In einigen Fällen, gestanden sie, hätten sie sogar das Morden *gesehen*. Aber sie ließen es geschehen. Zudem wurde bekannt, dass Ze'ev Schiff, der Militärkorrespondent der israelischen Zeitung *Ha'aretz*, am Morgen des 17. September um 7:30 Uhr den Bericht einer Quelle des Generalstabs der Armee in Tel Aviv hörte, der davon sprach, „ein Gemetzel" sei in den Lagern im Gang. Er gab diese Information an Mordechai Zippori weiter, den israelischen Informationsminister, der ein alter Freund Schiffs war. Zippori rief den israelischen Außenminister Jitzchak Schamir an. Schamir reagierte nicht auf den Anruf und wies seinen Stab auch nie an, den Bericht über ein Massaker zu überprüfen. Warum aber hatte Schiff nicht zumindest seine Kollegen in Beirut angerufen? Wenn das internationale Pressekorps in West-Beirut bereits am *Freitagmorgen* über das Massaker alarmiert gewesen wäre – statt es erst selbst am Samstagmorgen zu entdecken –, dann hätte das Morden vielleicht gestoppt werden können. Stattdessen entschied sich Schiff, seinen Freund, den israelischen Minister, zu informieren. Also hatte sogar die israelische Presse dabei versagt, in diesem kritischen Moment ihre Verantwortung wahrzunehmen.

Aber Schiff war nicht *Augenzeuge* des Massakers gewesen. Er konnte sich nicht sicher sein, dass der Bericht stimmte. Andere Israelis *beobachteten* das Gemetzel, manche von ihnen aus der Nähe des Sportstadions, von genau der Position, von der aus die Israelis uns beobachteten, wie wir am Samstagmorgen die Leichen fanden.

Einer dieser Männer war Leutnant Avi Grabowski, der Vizekommandeur der Panzerkompanie der israelischen Armee, der später vor der israelischen Untersuchungskommission über das Massaker aussagte, er habe den Mord an fünf Frauen und Kindern mit eigenen Augen beobachtet. Laut dem Abschlussbericht der Untersuchungskommission[15] sah er am Freitagmorgen zwischen acht und neun Uhr, wie zwei Phalangisten im Lager Schatila zwei junge Männer verprügelten. „Die Soldaten [sic] führten die Männer zurück ins Lager, nach kurzer Zeit hörte er [Grabowski] ein paar Schüsse und sah, wie die zwei Phalangisten wieder herauskamen. Zu späterer Stunde sah er, … dass Soldaten der Phalangisten eine Gruppe von fünf Frauen und Kindern umgebracht hatten." Der Bericht der Untersuchungskommission fuhr fort:

„Leutnant Grabowski wollte das Ereignis per Funk an seinen Vorgesetzten berichten, aber die Panzerbesatzung wies ihn darauf hin, sie habe bereits eine Meldung an den Bataillonskommandeur gehört, wonach Zivilisten getötet wurden, [und] der Bataillonskommandeur habe geant-

15 *The Commission of Inquiry into the Events at the Refugee Camps in Beirut*, 1983, Abschlussbericht von Yitzhak Kahan, Präsident des israelischen Obersten Gerichtshofs, Aharon Barak, Richter am Obersten Gerichtshof, und Yona Efrat, Generalmajor der Reserve, IDF.

wortet: ‚Wissen wir, gefällt uns auch nicht, aber mischt euch nicht ein.‘ Leutnant Grabowski sah noch einen weiteren Fall, bei dem ein Phalangist einen Zivilisten tötete.“

In seiner Aussage vor der Untersuchungskommission erzählte Grabowski, wie seine Panzerbesatzung zu Mittag an jenem Freitag Phalangisten befragte, warum sie Zivilisten umbrachten. Die Phalangisten hatten geantwortet: „Schwangere Frauen werden Terroristen gebären; wenn die Kinder groß sind, werden sie Terroristen sein.“[16]

Inmitten der Beteuerungen über ihren moralischen Anstand, der zu einem Teil der Verteidigung der israelischen Armee geworden war, kam etwas ins Rutschen, etwas, das sich sowohl als gefährlich als auch als zwanghaft erwies. Was war das noch, was ein israelischer Leutnant auf den Hügeln über Beirut am 16. Juni [1982] zu mir gesagt hatte? „Ich wäre froh, wenn die alle tot wären. ... Ich wäre froh, wenn all die Palästinenser tot wären, weil sie eine Plage sind, wohin auch immer sie gehen. ... Persönlich denke ich nicht, dass unsere Regierung die Verantwortung dafür übernehmen würde, eine größere Menge an Palästinensern zu massakrieren.“ Er hatte Recht. Journalisten, die mit sachlicher Genauigkeit darauf hinwiesen, dass Israel als Besatzer für das verantwortlich war, was in den Flüchtlingslagern passierte, wurden von der Regierung Begin[17] in Jerusalem beschuldigt, eine „Blutlegende“[18] gegen Juden zu verbreiten. „Niemand soll uns moralische Werte oder Respekt für das menschliche Leben predigen, auf deren Grundlage wir erzogen wurden und mit denen wir fortfahren werden, Generationen von Kämpfern in Israel groß zu ziehen“, verkündete die israelische Regierung bedeutungsschwer.

16 *Jerusalem Post*, 1. November 1982. „IDF Soldier saw women, children killed.“

17 Menachem Begin (1913-1992) war von 1977-83 Ministerpräsident Israels. Anm. d. Übers.

18 „Blutlegende“: ein im Mittelalter entstandener Mythos, wonach Juden in ihren Ritualen christliches Blut trinken. Anm. d. Übers.

Aber die moralischen Werte Israels standen angesichts dieses Massenmordes *zur Debatte.* Die Israelis hatten dabei zugesehen, wie ihre Verbündeten Unschuldige massakrierten und nichts gegen die Gräueltaten getan. Die Israelis hätten nicht auf diese schändliche Weise gehandelt, wären die Opfer israelische und nicht palästinensische Zivilisten gewesen. Israels „Respekt" vor menschlichem Leben unterschied offenbar zwischen dem menschlichen Leben von Israelis und Palästinensern. Erstere waren unantastbar. Die Letzteren entbehrlich. Die Palästinenser, die der israelische Leutnant gerne „alle tot" gesehen hätte, waren tatsächlich ermordet worden; die Israelis sahen dem Ausmerzen durch ihre Feldstecher zu – und unternahmen nichts. Für sie waren die Palästinenser einfach nur „Terrroristen".

Selbst der Bericht der Kahan-Untersuchungskommission von 1983 war Opfer von Israels Besessenheit mit dem „Terrorismus". Die Israelis bezeichneten das Dokument als beeindruckenden Beweis dafür, dass ihre Demokratie wie ein strahlendes Leuchtfeuer den Diktaturen der übrigen Staaten des Nahen Ostens gegenüberstand. Welche arabische Nation hatte je zuvor einen solchen Bericht veröffentlicht, der sowohl seine Armee als auch ihre politischen Führer verurteilte? Wo war der Bericht der PLO über ihre Einschüchterungspolitik im südlichen Libanon? Wo war Präsident Assads[19] Bericht über das Massaker in Hama im Jahr 1982?[20]

Aber der Bericht der Kahan-Untersuchungskommission war ein Dokument voller Mängel. Der Titel der Untersuchung – über „die Zwischenfälle in den Flüchtlingslagern..." – brachte es fertig, das unheilvolle, politisch inkorrekte Adjektiv „palästinensische" zu vermeiden. War es nicht tatsächlich eine Untersuchung über „die Zwischenfälle in den *palästinensischen* Flüchtlingslagern"? Aber so lautete nicht ihre Über-

19 Hafiz al Assad (1930-2000) war von 1971 bis 2000 Präsident Syriens. Anm. d. Übers.

20 Massaker der syrischen Armee an der Bevölkerung der Stadt Hama, einer Hochburg der regierungsfeindlichen Muslimbruderschaft. Anm. d. Übers.

schrift. Und warum bediente sich die Kommission des Wortes „Zwischenfälle“, wenn eigentlich „Massaker“ gemeint war?

Im Abschlussbericht der Untersuchungskommission wurde wiederholt Bezug genommen auf die palästinensischen „Terroristen“ in den Flüchtlingslagern – vermutlich die 2.000 seltsamerweise schwer zu fassenden und unentdeckten „Terroristen“, von denen Scharon Anfang September 1982 gesprochen hatte – aber die Richter konnten keinen einzigen Beweis zur Bekräftigung der Behauptung erbringen, dass diese „Terroristen“ tatsächlich existierten. In Wahrheit wurden die einzigen wirklichen „Terroristen“ in den Flüchtlingslagern – die christlichen Milizionäre, die von den Israelis dorthin geschickt worden waren – von den Richtern respektvoll als „Phalangisten“ oder „Soldaten“ bezeichnet. *Soldaten.*

Drei ausländische Ärzte, einer davon Jude, die Sympathien für die Palästinenser hegten und den Beginn des Massakers miterlebt hatten, wurden von der Untersuchungskommission zu recht als Personen beschrieben, die keine „spezielle Sympathie für Israel“ hätten. Die Aussagen von Israelis jedoch – die keine „spezielle Sympathie“ für die Palästinenser gehabt haben konnten – wurden weitgehend kritiklos hingenommen. Selbst die Zeugenaussage von Haddad wurde mit Respekt behandelt, dessen grausame Miliz im südlichen Libanon Dutzenden unschuldigen Menschen das Leben genommen hatte – einschließlich der Morde an UN-Soldaten. Während die Kommission „die Möglichkeit ..., dass einer [sic] der Männer von Major Haddads Truppe in die Lager eingedrungen ist“, nicht ausschließen wollte, entschieden die Richter gleichwohl, dass „den Kommandeuren von Major Haddads Kräften keine Verantwortung, weder direkt noch indirekt, zugeschrieben werden kann“. Die Kommission verschwieg, dass die „Kommandeure“ von Haddads Miliz Israelis waren.

Begin, Scharon, Eitan, Drori und andere israelische Offiziere wurden mit unterschiedlicher Härte verurteilt. Die Kommission entschied weise, dass sie sich „außer Stande sieht, die Position des Premierministers zu akzeptieren, dass niemand sich vorstellen konnte, dass das, was geschehen ist, wirklich passieren würde"; die Richter konnten nicht akzeptieren, dass Begin sich bezüglich der Gefahr eines Massakers, wenn man die Phalangisten in die Lager schicken würde, „völlig im Unklaren" war.

Natürlich nicht. War dies nicht im Grunde jener Begin, der den Botschafter der Republik Irland in Israel einbestellt und ihm einen Vortrag über die libanesische Blutfehde gehalten hatte, nachdem zwei irische UN-Soldaten, Smallhorn und Barrett, 1978 ermordet worden waren? Daran wollten sich die Richter nicht erinnern.

Die Kahan-Untersuchungskommission kam zu dem Schluss, dass Scharon „persönliche Verantwortung" für das trug, was sich in den Lagern ereignet hatte, und schlug vor, Begin solle ihn aus seinem Amt entfernen. Sie schlug die Entlassung von Major-General Yehoshua Saguy vor, dem Direktor des militärischen Nachrichtendienstes, und sie stellte die beträchtliche Schuld von Drori fest, „ohne irgendeine weitergehene Empfehlung auszusprechen".

Der Kahan-Bericht unterließ es jedoch, zwei wichtige Umstände des Massakers anzusprechen: Die Besessenheit, mit der Israel vom „Terrorismus" sprach, und den außergewöhnlichen Einfluss des Zweiten Weltkriegs auf Begin und die Aktionen der Israelis während des Libanon-Krieges. Selbst nach den Schrecken von Schatila, in Folge der unmittelbaren Nachwirkungen des Massakers, wurde klar, dass die Israelis ihre Lektion nicht gelernt hatten. Bis sie aus West-Beirut abzogen, feuerten sie jeden Abend um sieben Uhr Leuchtgeschosse über der Stadt ab. Die Gebäude, Slums, Ruinen und palästinensischen Flüchtlingslager wurden dabei in ein kaltes gelbes Licht getaucht. Eine hebräisch sprechende Stimme meldete aus einem krächzenden Funkgerät in einer im Dunkeln liegenden Straße Befehle an einsame, angsterfüllte Soldaten. Die Israelis waren wieder auf der Jagd nach „Terroristen".

Es war nicht nur zu einer Besessenheit geworden, sondern zu einem amorphen militärischen Ziel ohne Ende und ohne jeden Sinn. Erst waren die palästinensischen Guerilleros „Terroristen“. Dann waren die libanesischen Milizen „Terroristen“ und dann wurden die palästinensischen Zivilisten in Schatila zu „Terroristen“ erklärt, selbst als sie schon tot waren. Abend für Abend beobachteten Foley und ich die israelischen Patrouillen in der Hamra-Straße. Israelische Offiziere riefen hinter ihren gepanzerten Fahrzeugen die Straße hinunter: „Wir sind hier, um eure Gegend von Terroristen zu säubern.“ Und die Libanesen schauten verständnislos zu, voller Sorge, was folgen würde.

Früher, als sie es selbst voraussehen konnten, wurden die israelischen Soldaten auf den Straßen des besetzten West-Beirut in einen Krieg voller Hinterhalte und Attentatsversuche verwickelt. Eine Widerstandsbewegung formierte sich innerhalb der schiitischen Miliz. Gerade erst hatten israelische Soldaten ihre erfolglose Suche nach einem Mann abgeschlossen, der am 24. September [1982] eine propellergetriebene Granate auf eine Patrouille abgefeuert hatte, da lief eines Nachmittags ein Angreifer auf drei israelische Offiziere zu, die in einem Mövenpick-Restaurant in der Hamra-Straße Kaffee tranken, und eröffnete das Feuer auf sie. Als ich den Ort erreichte, waren zivilgekleidete israelische Agenten gerade dabei, libanesische Männer im Eingang einer Boutique zur Vernehmung zusammenzutreiben.

Ein Zeuge erzählte mir, der Attentäter sei zu den israelischen Offizieren in dem Café hingelaufen und habe geschrien: „Ihr bringt Libanesen um!“. Dann habe er eine volle Ladung auf sie abgefeuert. Als er weglief, sahen die Libanesen auf der Straße unbeteiligt zu. Alle jungen Männer, die sich zu diesem Zeitpunkt auf der Straße befanden, wurden von den bewaffneten israelischen Zivilkräften festgenommen. „Wir suchen nach ‚Terroristen‘, verkündete ein israelischer Offizier per Lautsprecher auf Arabisch von seinem Fahrzeug. „Helfen Sie uns, den Mann zu finden, der auf unsere Soldaten geschossen hat, und wir werden ihn vor Gericht stellen. Wir wollen die Gegend von Terroristen säubern!" In den Wohnblocks um die Hamra-Straße regte sich niemand; und es gab auch keine Gerichte im Libanon.

Erst recht wurden keine „Terroristen" an Gerichte übergeben. Familienmitglieder traten vorsichtig an uns Reporter heran, nicht sicher, ob wir in Beirut lebten oder mit den Israelis angekommen waren. Sie hielten uns Fotos von jungen Männern und manchmal sogar Frauen hin, die von ihrem Zuhause abgeholt worden waren. Ob wir sie finden könnten? Die Eltern einer jungen Palästinenserin besuchten mich. Sie war von einem bewaffneten Phalangisten in der Nähe von Damour aus einem Taxi gezerrt worden. Israelische Soldaten hatten dabei zugesehen. Die Eltern hofften darauf, weil die Israelis Zeugen dieser Festnahme geworden waren, dass ihr nichts Schlimmes passiert wäre. Doch niemand hatte die junge Frau gesehen, seit der anzüglich grinsende Phalangist sie abgeführt und dem Taxifahrer befohlen hatte, seine Fahrt nach Sidon fortzusetzen. Sie wurde nie wieder gesehen.

Eine junge Schiitin, die als Putzfrau für einen libanesischen Übersetzer in West-Beirut arbeitete, der im Büro eines amerikanischen Fernsehsenders angestellt war, erzählte mir, wie ihr Ehemann von israelischen Soldaten in Uniform von ihrer Wohnung im zerstörten Hotelbezirk abgeholt und in einem israelischen Armeelastwagen fortgebracht worden war. Ob ich ihn wiederfinden könnte? Leider konnte ich den Israelis keine Informationen entlocken. Der Mann tauchte nie wieder auf. Was sollten wir angesichts dieser Entführungen tun?

Einige Zeit später erzählten mir Offiziere der Phalangisten in Ost-Beirut, dir mir bekannt waren, dass mindestens 2.000 „Terroristen" – Frauen ebenso wie Männer – in Schatila umgebracht worden waren. Ein christlicher Milizionär berichtete mir, er habe Kipplaster voller Leichen gesehen, die am 17. September vorbei an den israelischen Truppen fuhren, die vor Schatila lagen. Tveit erfuhr von einem Phalangisten, dass „Sie nicht herausfinden werden, was mit den anderen geschehen ist, solange die Regierung nicht entscheidet, eine U-Bahn-Linie unter Beirut zu bauen". Ich hörte immer wieder Gerüchte, dass etwa tausend Leichen an einer Stelle verscharrt waren, „wo man Sport treibt". Zuerst dachte ich, dass es ein unentdecktes Massengrab unter dem zerstörten Stadion nahe Schatila geben musste. Erst später erfuhr ich, die Leichen seien unter dem Golfplatz zwischen Schatila und dem Flughafen vergraben worden. Ich ging darauf dorthin und fand große Areale, in denen die Erde umgegraben war und noch Spuren von Bulldozern zu sehen waren. Aber zu der Zeit kontrollierte bereits die libanesische Armee das Gelände und verweigerte dem Roten Kreuz die Erlaubnis, Untersuchungen anzustellen. Bis heute sind die Gräber nicht geöffnet worden.

Offensichtlich wurden Israels „terroristische" Feinde in West-Beirut auch nach den Ereignissen von Schatila immer noch liquidiert. Wer führte diese Morde aus? Waren die Phalangisten immer noch in West-Beirut? Oder war Schin Bet in die Morde verwickelt? Ganz sicher hatten jahrelang Todesschwadronen in Haddads Gebiet im südlichen Libanon existiert. Sie traten innerhalb der folgenden zwei Jahre in dem von Israel besetzten Gebiet zunehmend in Erscheinung, so wie die syrischen Todesschwadronen ihre Aufträge in der Vergangenheit in West-Beirut erfüllt hatten. Wie die Kahan-Untersuchungskommission 1983 enthüllte, unterhielt der israelische Geheimdienst Mossad ein komplexes System der Zusammenarbeit mit der Phalange, wobei Mossad-Agenten gemeinsam mit jenen Männern, die die Morde in Sabra und Schatila verübt hatten, in den Büros der Phalangisten in Beirut saßen. Die Libanesen schlossen daraus, dass sowohl Israelis als auch Phalangisten des „Terrorismus" Verdächtigte ermordeten.

Immer tiefer glitten die Israelis in eine dunkle und planlose Welt hinein. Vielleicht erschien die Reise früher, Anfang Juni, noch nicht so undurchsichtig. Die Israelis sahen ihre Mission zu jener Zeit als eine stabilisierende an, eine

Schlacht gegen ihre Feinde, die zur Errichtung einer sicheren 25 Meilen tiefen Pufferzone entlang des Awali-Flusses führen würde. Doch im Siegesrausch stießen sie bis nach Beirut vor, wo sie weitere Belohnungen zu erwarten schienen: ein freundlicher Maronitenstaat mit einem noch freundlicheren Maronitenführer an der Spitze, dessen Phalangistenarmee – wie peinlich auch immer ihre Vorläufer gewesen sein mögen – bei der Unterwerfung West-Beirut behilflich sein könnte.

Von diesem Zeitpunkt an ging die Mission schief – denn die Israelis strebten zwei sich widersprechende militärische und politische Ziele an: die Zerstörung des „Terrorismus" – ein Begriff, der immer wahlloser und gedankenloser eingesetzt wurde – und die Schaffung eines christlich dominierten Libanon, der einen Friedensvertrag mit Israel schließen würde. Das erste Ziel wurde durch die PLO-Präsenz im Raum Sidon angeheizt und erwies sich als nachvollziehbar – zumindest in israelischen Augen.

Was sich tatsächlich ereignete, als die Israelis das palästinensische Flüchtlingslager Ein Helweh östlich von Sidon belagerten, wurde nie völlig geklärt. Aber viele israelische Soldaten – möglicherweise mehr als 50 – starben in dieser Gegend in der zweiten Kriegswoche, und es gibt einige Beweise, dass viele von ihnen von der PLO ermordet wurden. Die Israelis weigerten sich hinterher, die Angelegenheit öffentlich zu diskutieren, aber hier ist die Darstellung eines jungen palästinensischen Guerillakämpfers, der mir davon einen Monat später berichtete:

„Die Israelis töteten Hunderte unserer Zivilisten, als sie das Flüchtlingslager Ein Helweh bombardierten. Es war ihnen egal, dass sie unsere Leute umbrachten. Sie wollten uns alle töten. Aber dann führten sie einen Bodenangriff durch und die palästinensischen Kämpfer nahmen 43 von ihnen gefangen. Oberst Azami befand sich im Lager, er war der palästinensische Kommandeur. Er nahm diese Leute als Gefangene, und er ließ die Israelis rund um ein Gebäude anbinden und befestigte Sprengstoff an ihren Beinen. Er sagte, wenn die Israelis es nicht zuließen, dass unsere Kämpfer das Lager verlassen, würde er die Gefangenen in die Luft jagen. Da ließen sie [die Israelis] die Kämpfer ziehen. Die Palästinenser nahmen ein paar der Israelis mit. Azami war großartig. Unsere Männer kamen frei. Dann erreichte er die Hügel, und gab den Befehl, sich der israelischen Gefangenen zu entledigen. Sie waren eine Belastung. Der Sprengstoff war immer noch an ihren Beinen befestigt, und die Israelis flogen in die Luft. Sie starben alle."

War dies ein Teil des psychologischen Hintergrunds des Massakers von Schatila? Es gab keine zusätzliche Bestätigung für das, was mir der Palästinenser erzählt hatte, aber mehrere israelische Soldaten sagten später, dass „etwas Schreckliches" in Sidon passiert sei und dass die israelische Armee zu dem Zeitpunkt, als sie Beirut einkreiste, nicht in der Verfassung war, die palästinensischen Flüchtlingslager mit Infanterie anzugreifen. Deshalb schickte sie, als die israelischen Truppen in den muslimischen Sektor der Hauptstadt einmarschierten, die Phalange nach Schatila, um die „Terroristen" zu töten.

Als die wahren Terroristen erwiesen sich aber die christlichen Verbündeten Israels. Israel hatte sie bewaffnet, finanziert, ihnen Uniformen bereitgestellt, sie in einigen Fällen auch verpflegt. Sie waren Geschöpfe Israels. Mit Bezug auf Juden, die im Ausland litten, hatte die Kahan-Untersuchungskommission dargelegt, dass „es schon immer die öffentliche Meinung der Juden gewesen war, dass die Verantwortung für solche Taten nicht nur denen zufällt, die … Gräuel begangen haben, sondern auch denen, die für die Sicherheit und öffentliche Ordnung verantwortlich waren und die die Unruhen hätten verhindern können, aber ihre diesbezüglichen Pflichten nicht erfüllten". Die israelischen Einheiten um Schatila hatten das nicht verstanden. Sie waren dafür blind. Sie hatten die grundlegenden Regeln vergessen, die alle fremden Armeen, die in den Libanon einmarschierten, lernen mussten: dass man selbst zum Terroristen wird, wenn man sich mit einer Gruppe Terroristen einlässt.

Damit war aber immer noch nicht erklärt, was in Schatila passiert war. Die Art von Baschir Gemayels Milizführerschaft war offen zu Tage getreten. Sein Aufstieg in das Präsidentenamt, auf brutale Weise im September beendet, ließ nichts Gutes ahnen. Schon im Juni hatte Professor Yussef Ibish Gemayels mögliche Herrschaft mit jener General Francos verglichen – „Mit Böswilligkeit für alle und Nächstenliebe für niemanden, wird er dieses Land regieren", hatte Ibish gemeint – und er hatte vorausgesagt, dass die Israelis „Namenslisten" für Massenverhaftungen und Morde verwenden würden. „Sie werden sie erschießen – das wird ein gigantisches Tel al-Za'atar", sagte er und verwies damit auf das Massaker der Phalangisten an Palästinensern im Jahr 1976. Der Mann, der die Phalange nach Schatila hineinführte – Elie Hobeika –, hatte früher in Damour gelebt. Seine Familie war unter denen, die von den Palästinensern ermordet wurden. Seine Verlobte war unter den Frauen, die in diesem Ort von den Palästinensern abgeschlachtet wurden.

Aber die Israelis benutzten das Wort „Terrorismus" ausschließlich für ihre Feinde, nicht für ihre Phalangisten-Freunde, wie der Kahan-Bericht nur allzu deutlich enthüllte. Uri Avneri, der liberale israelische Journalist, der Arafat während der Belagerung West-Beiruts interviewt hatte – Minister des israelischen Kabinetts forderten später, Avneri solle dafür wegen Hochverrats vor Gericht gestellt werden –, nannte die Benutzung des Begriffs „Terroristen" „ein Medienverbrechen, eine Rechtfertigung für Mord". Dabei handelte es sich, wie er mir 1986 in Tel Aviv erklärte, „um eine Nazi-Methode", um das Denken zu beeinflussen, „ein Prozess, um Leute zu entmenschlichen, der erforderlich war zur Vorbereitung von Krieg".[21]

21 Laut Avneri hatte Scharon zu ihm acht Monate vor dem Krieg gesagt, er wolle die PLO im Libanon zerstören, die Phalangisten an die Macht bringen „als

Für die Israelis – für Scharon, Begin und ihre Soldaten – hatte der Begriff „Terrorist“ nicht die gleiche Konnotation wie das anderswo der Fall war. In Europa und Amerika, in vielen asiatischen Ländern, sogar in der Sowjetunion, erzeugt das Wort „Terrorismus“ Bilder von Flugzeugentführungen und von Bomben, die in Restaurants, Schulen oder Flughäfen gelegt werden, von Morden an Zivilisten in Flugzeugen, Bussen, Zügen oder Schiffen. Aber in Israel sind mit dem Begriff „Terrorist“ alle palästinensischen Araber gemeint – und sehr oft auch überhaupt alle *Araber* –, die sich Israel in Wort oder Tat widersetzen. Loren Jenkins bezog sich auf „die sorglose Abwertung der Bedeutung“ des Wortes durch die Israelis und meinte damit, dass dies die Realität des Terrorismus verzerren würde. Aber es geschah nicht „sorglos“, sondern absichtlich. Wie die Syrer, die Sowjets, die Amerikaner und die Briten unterschieden auch die Israelis sorgfältig zwischen guten Terroristen und bösen Terroristen. Im Fall Israels verhielten sich Erstere wohlwollend gegenüber Israel und wurden dafür mit verschiedenen harmloseren Beinamen geehrt – „Milizionäre“, „Kämpfer“, „Soldaten“ –, während Letztere sich Israel widersetzten und deshalb schlicht und einfach Terroristen waren, schuldig der abscheulichsten Verbrechen, blutrünstig und blindwütig, eben jene Sorte Leute, von denen man die Gesellschaft „säubern“ musste.

Indem die Israelis die Palästinenser zu Terroristen stempelten, beschrieben sie ihre Feinde eher als bösartig denn als feindselig. Wenn man die Palästinenser als blindwütige Barbaren zeichnete, würde es sicherlich kein vernünftiges Individuum wagen, ihre politischen Forderungen ernst zu nehmen. Jeder, der Sympathie für die Palästinenser zum Aus-

---

eine Art christliches Protektorat“ und die Syrer aus dem Libanon drängen. „Er wollte die Palästinenser nach Syrien abdrängen in der Hoffnung, dass die Syrer sie hinunter nach Jordanien treiben würden, das sich dann in einen palästinensischen Staat verwandeln würde. Scharon hatte diese napoleonische Idee. Es ging ihm um eine palästinensische Revolution in Jordanien.“ Im Gegensatz dazu „scherte sich die israelische Armee nicht die Bohne um die Palästinenser, weil die PLO niemals eine militärische Bedrohung war – die Armee war nur besorgt wegen der Syrer“.

druck brachte, war offenbar antisemitisch – und deshalb nicht einfach anti-israelisch oder anti-jüdisch, sondern pronazistisch –, was kein rechtschaffener Mensch sein möchte. Jeder, der auch nur andeutete, dass die Israelis mit ihrem Krieg gegen die Palästinenser Unrecht taten, konnte auf die gleiche Weise gegeißelt werden. Glauben Sie, dass Hitler Recht hatte? Finden Sie es richtig, was in Auschwitz passierte? Nein, natürlich nicht. Wenn Israel die PLO als ihren Feind bezeichnet hätte, dann bestünde der Nahostkonflikt aus zwei feindlichen Parteien. Wenn aber die Welt daran glaubt, die Palästinenser seien bösartig – dass sie also für die Sünde in ihrer schlimmsten Form stehen –, dann gab es überhaupt keinen Konflikt. Dann tobte die Schlacht zwischen richtig und falsch, David und Goliath, Israel und den „Terroristen". Es gehört zur Tragödie der Israelis, dass sie selbst an diesen Mythos zu glauben begannen.

Das Wort „Terrorismus" stand indes immer in Beziehung mit der permanenten Rückbesinnung auf das Schicksal der Juden während des Zweiten Weltkriegs. Nach dem Massaker von Sabra und Schatila fragten sich viele Staaten, wie es sein konnte, dass ein Volk, das so schrecklich unter Hitler gelitten hatte, solche Gräuel unter den eigenen Augen zuließ. Während der Belagerung Beiruts beschuldigte die PLO Israel, die gleichen Taktiken einzusetzen wie Hitler gegen die Juden. Überlebenden des Holocaust kam dieser palästinensische Vorwurf wie Blasphemie vor. Wie konnte man die israelische Armee, die doch nur „Terroristen" bekämpfte, um ihre Bürger zu schützen, und die man seit ihrer Gründung gelehrt hatte, dass die „Reinheit der Waffen" ihr moralischer Kodex war, mit den Massenmördern Nazi-Deutschlands gleichsetzten?

Das Massaker von Sabra und Schatila änderte nichts an diesen Argumenten. Aber es brachte sie tiefgreifend durcheinander. Die Israelis hatten den Gräueln tatenlos zugesehen. Kein Soldat einer Besatzungsarmee konnte erwarten, vor Gericht von der Schuld freigesprochen zu werden, wenn eine verbündete Miliz solche Verbrechen beging.

Doch selbst als wir die Brandwunden vom Phosphor sahen, der zwei Babys im Barbir-Hospital in brennende Fackeln verwandelt hatte, sprachen wir von den Israelis nicht als Nazis. Keine israelische Regierung hat je die systematische Vernichtung eines ganzen Volkes geplant. 350.000 Israelis – zehn Prozent der Bevölkerung – versammelten sich in Tel Aviv, um mit ihrem Protest ihren Abscheu gegenüber dem auf die Straße zu tragen, was in Sabra und Schatila geschehen war.

Aber die Parallelen zum größten Krieg der Neuzeit konnten nicht einfach beiseite geschoben werden. Die deutsche Wehrmacht hatte kroatischen Milizionären – ebenso brutal und „christlich" wie die Phalangisten – 1942 erlaubt, die Einwohner serbischer Dörfer in Jugoslawien zu massakrieren; die Jugoslawen exekutierten später deutsche Offiziere dafür, dass sie die Gräuel zugelassen hatten.

Natürlich war der Libanon-Krieg von seinen Ausmaßen her nicht mit dem Zweiten Weltkrieg zu vergleichen. 1988 erreichte die Todesrate nach 13 Jahren Libanon-Krieg (ca. 100.000) nicht einmal die 138.690 zivilen Opfer des Atombombenabwurfs auf Hiroshima im Jahr 1945. Im Libanon gab es nur zweimal so viele Todesopfer wie im Feuersturm der Hamburger Bombennacht von 1943. Der Spanische Bürgerkrieg, der von 1936 bis 1939 dauerte, forderte fünfmal so viele Tote wie in den Kriegen im Libanon bis heute. Die Sowjetunion gibt die Zahl ihrer zwischen 1941 und 1945 getöteten Zivilisten mit sieben Millionen an. Die Roten Khmer in Kambodscha ermordeten geschätzte drei Millionen Menschen, die meisten von ihnen Zivilisten. Die algerischen Behörden sagen, dass sie von 1954 bis 1962 in ihrem Krieg gegen die [Kolonialmacht der] Franzosen eine Million Menschen verloren.

Dennoch kann man den Grad der individuellen Gräuel des Massakers von Sabra und Schatila mit ähnlichen Verbrechen im Zweiten Weltkrieg vergleichen. Die Anzahl der in Sabra und Schatila gefundenen Toten und die wachsende Zahl „vermisster" Palästinenser und libanesischer Zivilisten – zusammen mit den Aussagen von Offizieren der Phalange in den nachfolgenden Wochen – lassen vermuten, dass in den Beiruter Flüchtlingslagern zwischen dem 16. und 18. September 1982 weit über 1.000 Menschen ermordet wurden; wahrscheinlich sogar bis zu 2.000. Selbst Israels niedrigste Schätzung der beim Massaker umgekommenen Opfer – 460 – liegt nur um neun niedriger als die geschätzte Opferzahl der von den Nazis im tschechischen Dorf Lidice 1942 ermordeten oder anschließend ins Konzentrationslager verschleppten Einwohner.[22] Die vom Direktor des israelischen militärischen Nachrichtendienstes angegebene Mindestzahl für Opfer des Massakers in Beirut – 700 – liegt um 58 höher als die Gesamtzahl französischer Zivilisten, die 1944 von deutschen SS-Einheiten im Dorf Oradour-sur-Glane ermordet wurden.

Bloß diese Zahlen miteinander zu vergleichen, bedeutet, nicht nur die Gefühle der Israelis zu verletzen, sondern von Tausenden Juden in aller Welt, viele von ihnen Überlebende des Holocaust. Selbst wenn man die Parallelen der Opferzahlen in Betracht zieht, hätte doch Syriens mörderische Unterdrückung des Hama-Aufstandes viel mehr gemein mit dem Verhalten der Nazis im besetzten Europa. Und es ist ein Tatsache – schamlos ignoriert von vielen arabischen Nationen –, dass die israelische Demonstration in Tel Aviv als Protest gegen das Massaker im Grunde eine Bestätigung dafür war, dass die Israelis *nicht* bereit waren, es ihrer Regierung zu erlauben, sich wie Nazi-Deutschland zu verhalten. Eine der Hauptforderungen der Protestierenden war der Rücktritt Begins.

---

22 Die Kahan-Untersuchungskommission traf die umsichtige Entscheidung, sich nicht auf Zahlen der Palästinenser oder Libanesen über das Massaker zu stützen und legte die Mindestzahl auf 460 fest. Sie räumte aber ein, dass „es möglich ist, dass noch mehr Opfer … in den Gräbern liegen, die von den Angreifern nahe den Lagern“ ausgehoben wurden; vermutlich ein Bezug auf die Leichen unter dem Golfplatz. Der Kommissionsbericht enthielt die Aussage des Direktors des israelischen militärischen Nachrichtendienstes, der von einer Schätzung „zwischen 700 und 800“ Ermordeten in Schatila sprach.

Die Morde in Lidice waren die Rache für den von alliierten Agenten getöteten Reinhard Heydrich, dem Nazi-„Protektor“ Böhmens und Mährens. Die Deutschen erschossen 173 männliche Dorfbewohner und verschleppten 198 Frauen und 98 Kinder in das Konzentrationslager Ravensbrück.

Vielleicht geschah es unabsichtlich, dass ausgerechnet dieser eine Mann in den Fokus der Demonstranten geriet, der mehr als jeder andere Parallelen zwischen Israels Einmarsch in den Libanon und dem Zweiten Weltkrieg gezogen hatte. Denn es war Begin, ein Holocaust-Überlebender, dessen Familie in Polen von den Nazis ermordet worden war, der – während der langen Sommerwochen der Belagerung Beiruts – wiederholt Vergleiche zwischen der Libanon-Invasion und dem von 1939–45 dauernden Krieg anstellte. Er war es, der sich in einem Brief an US-Präsident Ronald Reagan in jenem Sommer als jemand darstellte, der nach „Berlin“ marschieren würde, um „Hitler“ zu liquidieren. Zwar verglich auch Arafat seine Truppen in jener Zeit fleißig mit den Verteidigern von Stalingrad, aber es war Begin, der mit einer verblüffenden Beständigkeit immer wieder auf den Zweiten Weltkrieg zu sprechen kam.

Er bezog sich so regelmäßig auf den Holocaust, dass ein prominenter jüdischer Holocaust-Forscher persönlich an den israelischen Premierminister schrieb und ihn bat, endlich damit aufzuhören, die Opfer von Auschwitz als Rechtfertigung für den Libanon-Krieg zu missbrauchen. Aber es half nichts. Für Begin schien der Holocaust das zu rechtfertigen, was nicht zu rechtfertigen war. Für Professor Nadrav Safran von der Harvard University hatte ein „Holocaust-Komplex“ von Begin Besitz ergriffen. „Er lebt ihn, er glaubt, er habe ein Monopol auf die Vorgeschichte, ihre Folgen, ihre Bedeutung …“ Aber Begin zog auch andere Beispiele aus der Hitler-Zeit heran.

Zur Verteidigung der israelischen Luftangriffe auf Beirut erinnerte er den Westen entrüstet an den Luftangriff der Alliierten mit Brandbomben auf Dresden, bei dem im Februar 1945 mindestens 35.000 Deutsche (darunter mehrheitlich Zivilisten) umkamen. Als europäische Nationen weiterhin die Verlustziffern der Zivilopfer durch die israelischen Bombardements auf Beirut kritisierten, rief Begin in Erinnerung, wie die Royal Air Force (RAF) während des Zweiten Weltkriegs bei einem Luftangriff auf die Kopenhagener Gestapo-Zentrale versehentlich eine Schule bombardiert hatte.

Seine Parallele war jedoch unredlich. Die Briten hatten die Schule nicht in Folge eines Pilotenirrtums während eines Angriffs auf ein militärisches Ziel bombardiert – was von Begin vermutlich als Entschuldigung für den israelischen Luftangriff auf zivile Wohnhäuser in Beirut gemeint war. Als die Attacke auf Kopenhagen am 21. März 1945 erfolgte, flog einer der RAF-Mosquito-Bomber derart tief, dass er mit einem Flügel ein Eisenbahnstellwerk streifte und in der Folge auf eine Klosterschule stürzte. Der hochoktanhaltige Treibstoff des Bombers setzte das Gebäude in Brand, weshalb die Piloten fünf nachfolgender Maschinen annahmen, es handele sich um die Gestapo-Zentrale, und die brennende Schule bombardierten. 38 Kinder, 20 Nonnen und drei Feuerwehrmänner wurden dabei getötet.

Aber über Beirut ging kein israelischer Bomber verloren, und es ereignete sich auch kein vergleichbarer Vorfall. Die Zivilisten im Libanon starben zu Tausenden, weil die Israelis im Verlauf mehrerer Wochen wiederholt und aus großer Höhe ihre Wohnhäuser bombardierten. Die Israelis flogen nicht in geringer Höhe, um ihre Ziele klarer zu identifizieren, wie es die RAF in ihrem vergeblichen Versuch gemacht hatte, zivile Opfer in Kopenhagen zu vermeiden.

Begins mit Abstand am meisten entlarvende Analogie war jedoch jene, die er am 8. August 1982 in einer Rede vor der israelischen Militärakademie anführte. Diese Rede fand wenig öffentliche Beachtung, weder zur damaligen Zeit noch in den darauf folgenden Jahren. In seiner Rede befasste er sich mit dem Thema, warum die Libanon-Invasion notwendig war, obwohl sie nicht – wie Israels vorherige Konflikte – als „Krieg ohne Alternative“ angesehen werden konnte. Als die israelische Armee Beirut einkreiste und Arafats Hauptquartier belagerte, hatten Begins Gegner in und außerhalb Israels den Sinn des Libanon-Krieges mit wachsendem Argwohn in Frage gestellt. Warum hatte Israel einen Krieg begonnen, den es hätte verhindern können? Die Existenz des Staates Israel war nicht bedroht wie in den Jahren 1948, 1967 und 1973. Deshalb versuchte Begin in jener Rede, seine Kritiker mit einem neuen Argument herauszufordern, indem er meinte: „Es gibt kein göttliches Mandat, nur dann in den Krieg zu ziehen, wenn keine Alternative besteht."

Ein klassischer Krieg ohne Alternative, sagte er, sei der Zweite Weltkrieg gewesen. Am Vorabend des Krieges sei Großbritannien hilflos beiseite gestanden. Die Regierungen in London und Paris hätten die Tschechoslowakei gezwungen, vor Hitler „auf die Knie zu fallen". Ribbentrop und Molotow hätten den Deutsch-Sowjetischen Nichtangriffspakt unterzeichnet. Im September 1939 griffen deutsche Truppen Polen an. Im Juni 1941 sei dann der deutsche Angriff auf die Sowjetunion erfolgt. Dies wäre, so Begin, „ein Krieg ohne Alternative für Polen gewesen, ein Krieg ohne Option für Frankreich und ein Krieg ohne Wahl für Russland. Welchen Preis hat die Menschheit für diesen alternativlosen Krieg gezahlt? Zwischen 30 und 40 Millionen … darunter sechs Millionen Juden – das einzige Volk, gegen das die Nazis Gas einsetzten … Dies ist die schreckliche Konsequenz eines Kriegs ohne Alternative".

Doch, so erklärte Begin, „dank der Forschung und der Tatsachen, die wir jetzt kennen", gebe es keine Zweifel mehr, dass der Zweite Weltkrieg hätte verhindert werden können. „Am 7. März 1936 kündigte Hitler an, dass er den Vertrag von Versailles aufkündigen würde … er entsandte zwei Bataillone der deutschen Wehrmacht in das entmilitarisierte Rheinland. Zu dieser Zeit hätten zwei französische Divisionen gereicht, um alle deutschen Soldaten, die in das Rheinland eingedrungen waren, gefangen zu nehmen. Letztlich wäre Hitler dadurch gestürzt worden…" Begin gab keine Quelle für seine „Forschung" an, die diese vereinfachende Sicht auf die Geschichte hervorgebracht hatte, aber in einer außergewöhnlichen Passage [seiner Rede] stellte er eine direkte Verbindung her zwischen den Resultaten des Zweiten Weltkriegs und Israels Wunsch, an dem besetzten palästinensischen Westjordanland festzuhalten, das Territorium, das Begin zum „Land Israel“, *Eretz Yisra'el*, zählte:

„Wäre die Geschichte so verlaufen [und Frankreich wäre gegen die Deutschen im Rheinland vorgegangen], dann hätte man den Zweiten Weltkrieg verhindert, mehr als 30 Millionen Menschen wären am Leben geblieben, dutzende Millionen weitere wären nicht verwundet und die Tragödie von Hiroshima abgewendet worden. Die Menschheit würde heute anders dastehen. *Die hingemetzelten sechs Millionen Juden wären bis heute auf 12 Millionen angewachsen, und ganz Eretz Yisra'el wäre in unserer Hand.*[23]“

Die Implikationen dieser Ausführungen waren weitreichend. Begin war zu dem Schluss gekommen, dass das Gemetzel der Nazis an den sechs Millionen Juden die Erfüllung des Traums von *Eretz Yisra'el* verhindert hatte. Wenn Hitler nicht die europäischen Juden ermordet hätte, hätten auch sie helfen können, den Staat Israel zu gründen, und sie wären der eingeborenen arabischen Bevölkerung zahlenmäßig überlegen gewesen. Begin verneinte, dass die fragwürdige historische Genauigkeit solcher Ausführungen sein Argument entkräftete. Hitler hatte die Erfüllung von Begins jüdischem Traum verhindert, und nun wollte auch Arafat sie verhindern. Hitler und Arafat verband eine gemeinsame Sache. Kein Wunder, dass Begin in seinem Brief an Reagan fantasierte, sein Vorstoß auf Beirut sei wie der Marsch auf Berlin, und Arafat sei gleichzusetzen mit Hitler.

Hier lag die entscheidende Verbindung zwischen der Vergangenheit und der Gegenwart, wie sie in der Holocaust-Gedenkstätte Yad Vashem außerhalb von Jerusalem verankert wurde. Tatsächlich liefert Yad Vashem die visuelle Unterstützung für Begins Argument, ein Ort der Anklage so-

23 Kursive Hervorhebungen vom Verfasser. Quelle der Rede Begins: *The Jerusalem Post*, 20. August 1982.

wohl gegen die Araber Palästinas als auch die Nazis Europas, sogar gegen die britische Verwaltung Palästinas, weil sie Holocaust-Flüchtlinge abwies. Wenn Scheich Haj Amin Al-Husseini, dessen Foto in der Gedenkstätte ausgestellt ist, ein Kriegsverbrecher war, weil er sich mit den Nazis verbündete, dann war auch Arafat einer. Die arabischen Palästinenser blickten während des Krieges von 1939–45 auf die Deutschen [in der Hoffnung], dass sie die jüdische Immigration nach Palästina verhindern würden. Nun war Arafat der Feind des jüdischen Staates. Begins Männer hatten ihn in Berlin/Beirut in seinem Bunker umzingelt.[24]

Begin erklärte seinen Zuhörern, Israel habe durch die Libanon-Invasion „das Kampfpotenzial von 20.000 Terroristen zerstört", habe „die besten Panzer und Flugzeuge, die Syrien hatte", vernichtet und 24 syrische Boden-Luft-Raketenbatterien. Wenn Beirut Berlin war, dann sollte der südliche Libanon offensichtlich das Rheinland sein, das Hitler mit Erlaubnis Frankreichs 1936 besetzen durfte. Nur dieses Mal – im Libanon – war ein Krieg ohne Alternative durch einen Alternativ-Krieg verhindert worden.

Begin machte nun geltend, dass „wir mit dem Ende der Kämpfe im Libanon viele Jahre vor uns haben, in denen wir mit den verschiedenen arabischen Nationen Friedensverträ-

24 Noch 1989 propagierte Scharon selbst die gleiche gefährliche, verzerrte historische Analogie. Gegen Ende des Jahres 1988 begann das US-Außenministerium Gespräche mit der PLO in Tunis, nachdem sich Arafat vom „Terrorismus" distanziert hatte. Dies, so verkündete Scharon in einem Interview mit dem *Wall Street Journal* (10./11. Februar 1989) sei schlimmer aufzufassen als die britische und französische Beschwichtigungspolitik (Appeasement-Politik) vor dem Zweiten Weltkrieg und ihr Verrat der Tschechoslowakei an Hitler, als „die Welt, um Krieg zu verhindern, eine der Demokratien opferte". Arafat sei „wie Hitler, der in der zweiten Hälfte des Zweiten Weltkriegs so gerne mit den Alliierten verhandeln wollte ... aber die Alliierten sagten Nein. Für sie gab es Feinde, mit denen man nicht verhandelt. Sie trieben ihn in den Bunker in Berlin, wo er seinen Tod fand, und Arafat ist der gleiche Typus eines Feindes, mit dem man nicht spricht. [Er] hat zu viel Blut an seinen Händen." Die Stoßrichtung von Scharons Argument war, dass die Schaffung eines palästinensischen Staates zu einem Krieg führen würde, in dem „die Terroristen aus dem Schutz eines Kordons von UN-Truppen und Beobachtern heraus handeln können".

ge abschließen und friedvolle Beziehungen etablieren werden". Diese Aussagen sollten sich als falsch erweisen. Es würde keine Friedensverträge und keine friedvollen Beziehungen geben, nicht einmal mit dem Libanon. Aber Begin ließ niemals Zweifel aufkommen. Israel „wird keine Angriffe gegen irgendein arabisches Land initiieren", versprach er. Es sei denn, um einen Krieg zu verhindern.

Avneri war zutiefst schockiert über diese Rede. „Begin hat seinen eigenen Komplex und ein spezielles Gewissen", sagte er. „Als Hitler kam, versuchte er von Polen nach Rumänien zu flüchten, wurde aber von den Sowjets in Litauen festgenommen. Er kam 1942 unter [dem polnischen General] Anders hierher [nach Israel]. Er blieb bis zu seiner Entlassung in der polnischen Armee ... die Tatsache, dass er seine Leute verlassen hat und hierher kam, mag seine Einstellung zum Holocaust verstärkt haben. Er war ein Demagoge *par excellence*. Er sprach die tiefempfundenen Gefühle der Leute an. Demagogen sind generell ehrlich. Sie können nicht erfolgreich sein, solange sie nicht selbst an das glauben, was sie sagen – zumindest während sie es sagen. Er glaubte, dass Arafat der zweite Hitler war. Im Grunde glaubte er das genauso wie er daran glaubte, dass er die Christen im Libanon vor dem Völkermord retten würde."

Aber das beantwortete immer noch nicht die drängendste Frage von allen. Selbst wenn die Palästinenser mit den Nazis gleichgesetzt werden konnten, wie hatten es die Israelis, von denen viele selbst Opfer der Nazis geworden waren, zulassen können, dass das Massaker geschah? Vier Jahre später, im Jahr 1986, haderte Brigadegeneral Specter (ein israelischer Pilot, der im Sommer 1982 Bombenangriffe auf West-Beirut flog) mit dem, was die Israelis im Libanon getan hatten.

„Die erste Generation nach dem Holocaust war sich des möglichen Zerfalls unserer Moral, dem Zerfall von uns selbst, sehr, sehr bewusst", sagte er. „Wir haben uns gefragt, wie das den Deutschen passieren konnte, wie sie sich eine ‚Endlösung' ausdenken konnten, während es dabei um menschliches Leben ging. Als ich zur Luftwaffe ging, wurde mir beigebracht, in welchen Momenten sich ein Pilot Befehlen nicht unterwerfen sollte und dass er das Festlegen [eines Ziels] in seiner Seele tragen muss. Ich glaube, dass die Operation [im Libanon] zu jenem Zeitpunkt absolut notwendig war, aber ich glaube jetzt, dass die Leute allgemein, Scharon und Rafael [Eitan], eine Endlösung im Blick hatten – ein schrecklicher Ausdruck, ich weiß. Sie wollten einen Krieg führen, um alle Kriege zu beenden ... Sie gingen zu weit, sie machten zu viel ... die wichtige Frage ist, wie wir die Terroristen bekämpfen – schaffen wir dabei mehr Unrecht als Recht?“

Avneri sah die Angelegenheit zynischer. „Ich will Ihnen etwas über den Holocaust erzählen“, sagte er. „Es wäre schön zu glauben, dass Menschen, die großes Leid durchleben mussten, durch das Leiden geläutert wurden. Aber das Gegenteil ist der Fall, es macht sie schlimmer. Es verdirbt sie. Da gibt es etwas im Leiden, das eine Art Egoismus erzeugt. Herzog [der israelische Präsident] sprach in der Gedenkstätte des Konzentrationslagers Bergen-Belsen, aber er redete nur von den Juden. Wie konnte es sein, dass er nicht erwähnte, wie auch andere – viele andere – dort gelitten hatten? Kranke Menschen, die Schmerzen haben, können über nichts anderes reden als über sich selbst. Und wenn deinem Volk solch abscheuliche Dinge widerfahren sind, dann hast du das Gefühl, dass nichts damit zu vergleichen ist. Du bekommst so eine moralische Generalvollmacht, einen Freibrief, alles zu tun, was du willst – weil nichts mit dem zu vergleichen ist, was uns widerfahren ist. Diese moralische Immunität fühlt man in Israel sehr deutlich. Jeder ist überzeugt, dass die IDF viel humaner ist als jede andere Armee. ‚Reinheit der Waffen’ war die Devise der Haganah-Armee Anfang 1948. Aber das hat niemals gestimmt.“

Politiker, so Avneri, benutzten den Holocaust zur moralischen Erpressung. „Aber das ist real, es ist nicht erfunden – das existiert. Es produziert eine sonderbare Art von schizophrener Einstellung. Die Israelis werden dir sagen: ‚Wir werden niemals ein zweites Warschauer Ghetto oder ein weiteres Auschwitz zulassen.' Im selben Atemzug erzählen sie dir, sie könnten den ganzen Nahen Osten in 48 Stunden erobern. Aber niemand sieht darin einen Widerspruch."

Erklärt das teilweise die sonderbare Art, mit der vernünftige, umsichtige Menschen – sogar Männer, die schrecklich gelitten haben – es nicht über sich bringen, Israel zu kritisieren, wenn es völlig offenkundig ist, dass die Nation im Irrtum ist, dass die Armee sich brutal und grausam verhalten hat? In diesen Zeiten scheint jedes normale Urteilsvermögen ausgeschaltet zu sein. Elie Wiesel, ein Auschwitz-Überlebender, dessen Buch über den Holocaust voll und ganz von seinem Mut durchdrungen ist, versagte auf bedrückende Weise, seine Stimme gegen das Massaker von Sabra und Schatila zu erheben. Er verlieh seiner „Betroffenheit" Ausdruck, fügte aber hinzu, dass diese „Betroffenheit mit Israel, nicht gegen Israel" gerichtet war, und er schloss, dass „letzten Endes es nicht die israelischen Soldaten waren, die töteten". Noam Chomsky sagte zu dieser verblüffenden Bemerkung, die Israelis „haben in den vergangenen Wochen oft [durch Bomben] in Sabra und Schatila getötet, und riefen dadurch keine ‚Betroffenheit' bei Wiesel hervor… "[25]

Ähnlich konnte sich auch Nathan Sharansky, der sowjetische Refusenik (der Jahre in sowjetischen Gefängnissen zugebracht hatte, bevor er nach Israel emigrierte), nicht dazu überwinden, Israels brutale Politik im Westjordanland zu verurteilen. Conor Cruise O'Brien, der angesehene irische Essayist und Politiker, schrieb ein Buch über Israel, in dem er es vorzog, das Massaker von Sabra und Schatila im Kontext eines Libanon-Krieges zu sehen, in dem verschiedene Gemeinschaften traditionell Gräueltaten aneinander begingen. In *New Republic* schrieb er, dass „die meisten Libanesen – einschließlich Muslimen und Drusen sowie Christen – froh darüber waren, dass Israel in den Libanon einmarschierte".

25 Chomsky, Noam: Fateful Triangle. The United States, Israel and the Palestinians, Boston 1983, S. 386-87.

Sogar Jane Fonda, die die amerikanische Öffentlichkeit gegen sich aufbrachte, weil sie Hanoi besuchte und den leidenden Nordvietnamesen während des Vietnamkrieges ihre Sympathien bekundete, fühlte sich außer Stande, Israel während des Libanon-Krieges zu kritisieren. Im Gegenteil: Sie reiste nach Ost-Beirut, um die israelischen Truppen während der Belagerung zu unterhalten. Obwohl sie von dort aus miterlebte, wie der Westen der Stadt bombardiert wurde, „brachte [sie] zum Ausdruck, dass sie sich mit Israels Kampf gegen den palästinensischen Terror identifizierte und Verständnis hatte für die israelische Invasion im Libanon…“[26] Nach dem Krieg war sie in New York und „verkündete ihre ungebrochene Unterstützung für Israel und verurteilte die Heuchelei [der Kritiker] in Bezug auf Israel in Verbindung mit dem Libanon-Krieg“. Sie führte deren Kritik auf „Antisemitismus“[27] zurück. Die Historikerin Barbara Tuchman, deren Analyse der ersten Tage des Krieges von 1914–18 in *The Guns of August* [dt. Titel: „August 1914“] auf diesem Feld als unübertroffen gilt, reagierte auf das Massaker nur mit der Bemerkung, „die Komplikationen der arabischen Welt sind nicht so, dass die Israelis sie kontrollieren könnten“. Was sie besorgte, war „das Überleben und die Zukunft Israels und der Juden in der Diaspora – darunter bin auch ich“.

Im Kontrast dazu merkte der israelische Romancier A. B. Yehoshua an, dass „selbst wenn ich glauben könnte, dass IDF-Soldaten, die 100 Meter von den Lagern entfernt standen, nicht wussten, was dort passierte, dann wäre das der gleiche Mangel an Wissen wie bei den Deutschen, die vor Buchenwald und Treblinka standen und angeblich nicht wussten, was dort passierte! Auch wir wollten nicht wirklich wissen, was passierte.[28]

Chomsky, dessen Forschung zum Libanon-Krieg gründlicher ist als jede andere zeitgenössische Arbeit, zitiert Pro-

26 Chomsky, a.a.O., S. 268, Zitat aus *Yediot Ahronot* vom 4. Juli 1982.
27 Ebd., S. 269, Zitat aus *Al Hamishar* vom 5. Dezember 1982.
28 Ebd., S. 387.

fessor Yeshayahu Leibovitz von der Hebrew University, Herausgeber der *Encyclopedia Hebraica*, der schrieb, dass

„ ... das Massaker von uns angerichtet wurde. Die Phalangisten sind unsere Söldner, genauso wie die Ukrainer und die Kroaten und die Slowaken die Söldner von Hitler waren, der sie organisierte, damit sie als Soldaten für ihn die Arbeit erledigten. Nicht anders haben wir die Mörder im Libanon organisiert, um die Palästinenser zu ermorden.“[29]

Die Antwort auf solche Beschuldigungen war immer die gleiche. Wie Yosef Burg, der israelische Minister für Inneres und religiöse Angelegenheiten, es ausdrückte: „Christen töteten Muslime – wie können die Juden schuldig sein?“ Begins Worte an sein eigenes Kabinett waren noch selbstgerechter: „Die *goyim*[30] töten die *goyim*“, sagte er. „Und sie wollen dafür die Juden hängen.“

Die Israelis zogen sich am 26. September 1982 ohne Vorwarnung und Fanfaren aus Beirut zurück. Sie fuhren ihre Panzer in hohem Tempo aus der Stadt, wie eine Armee, die Unrecht getan hatte und sich dessen bewusst war. Selbst die libanesischen Truppen, die rund um das in Trümmern liegende Schatila Stellung bezogen hatten, waren auf so einen überhasteten Abzug nicht vorbereitet. Viele Israelis hatten sich vor Ankunft der Dämmerung zurückgezogen, fuhren mit ihren gepanzerten Fahrzeugen im Halbdunkel die Corniche-Küstenpromenade entlang zum Hafen. Bei Einbruch der Nacht, am Vorabend des Jom Kippur – ein Name, der einst als Synonym galt für die militärischen Erfolge Israels[31] – waren die Israelis fast alle verschwunden.

Auf den Straßen standen die bescheidenen gepanzerten Fahrzeuge der libanesischen Armee und ein paar Lastwagen

29 Ebd.

30 Goyim: hebr. „Nichtjuden“; Singular „goy“. Anm. d. Übers.

31 Jom Kippur, hoher jüdischer Feiertag; gab dem vierten arabisch-israelischen Krieg seinen Namen, der im Jahr 1973 ausbrach. Anm. d. Übers.

der französischen Fallschirmjäger auf ihren Posten. Denn die multinationalen Truppen waren in die Stadt zurückgekehrt, waren wieder hinbeordert worden von Nationen, die ihr schlechtes Gewissen plagte. Amerikaner, Franzosen und Italiener hatten begriffen, dass auch sie Verantwortung für das Massaker traf. Man sah die französischen Soldaten sogar kurzzeitig in Schatila, wo sie in den Trümmern herumliefen und nach Minen suchten, mit medizinischem Mundschutz gegen den Verwesungsgeruch vor ihren Mündern.

Die Israelis waren gerade noch rechtzeitig abgezogen. Als sie mit dem Rückzug begannen, gab es in West-Beirut durchschnittlich alle fünf Stunden einen Mordversuch an israelischen Soldaten. Die israelischen Kräfte wurden mehr und mehr in einen Guerillakrieg mit nicht identifizierbaren Attentätern verwickelt. Damals wussten wir noch nicht, dass eine neue Widerstandsbewegung schiitischer Muslime im Entstehen war. Alleine an einem einzigen Abend wurden die Israelis sowohl nahe der Hamra-Straße, als auch an der Fakhani-Straße und der Corniche Mazraa mit Granatwerfern angegriffen.

Tveit und ich versuchten Hobeika zu finden. Wir fanden die Adresse seiner jungen Frau heraus, aber er hatte Ost-Beirut offenbar verlassen. Von Phalangisten erfuhren wir, dass er Baschir Gemayels Leibwächter war, ein Mann, den der ermordete designierte Präsident einigen ausländischen Diplomaten als Leitfigur maronitischer Politik vorgestellt hatte.

Nach zwei Tagen Arbeit spürte ich endlich einen Offizier des libanesischen militärischen Nachrichtendienstes auf, der bestätigte, dass das polizeiliche Kennzeichen des Land Rovers der libanesischen Armee, den Tveit und ich auf dem Rohschnitt von Videoaufnahmen erkannt hatten, die vor dem Lager Schatila gemacht worden waren, zu einem Jeep passte, der in der Bir-Hassan-Kaserne der libanesischen Armee nahe Schatila stationiert war. Der Offizier wollte nicht mehr verraten, weil, wie er sagte, die Israelis „voll verwickelt“ waren in das Schatila-Massaker. Als ich ihn fragte, was er meinte, antwortete er: „Unser Beobachtungsposten dort [in der Kaserne] sah, wie sie nach Schatila hineingingen – Israelis, Phalange und Haddad zusammen". Dann fragte er mich: „Sind Sie nicht derjenige, der sagte, die Israelis seien am Donnerstag auf dem Flughafen gelandet und hätten Haddads Männer an Bord gehabt?" Ja, das war ich. „Sie hatten Recht", sagte er. „Wir haben es gesehen, und ich habe es auch in unserem Observationsprotokoll gelesen." Ich sagte, die Israelis hätten meinen Bericht bestritten. Er antwortete: „Natürlich."

Wer hatte Baschir Gemayel umgebracht? Angesichts der Leichen von Schatila schien diese Frage irrelevant. Gemayel war ein Milizführer. Er hatte Feinde. Die Phalange behauptete, sie hätten einen Armenier gefangen genommen, der gestanden habe, für den syrischen Geheimdienst zu arbeiten. Ja, die Syrer konnten sehr wohl Gemayels Ermordung inszeniert haben. Es gab auch Gerüchte, die Palästinenser hätten Gemayels Tod geplant. Warum nicht? Es gab Darstellungen, die das Attentat mit den Ereignissen von Karantina und Tel al-Za'atar[32] in Verbindung brachten. Libanesische Zeitungen vermuteten, dass Suleiman Franjieh[33] hinter der Verschwörung für Gemayels Mord gestanden haben könnte. Ein auf der Hand liegender Verdacht: Franjieh war auf Rache aus an jenem Mann, der das Gemetzel an seinem Sohn Tony, seiner Schwiegertochter und seinem Enkelkind 1978 in den kühlen Hügeln des nördlichen Libanon angeordnet hatte. Später gab die Phalange an, Baschir Gemayel sei von den Israelis umgebracht worden, weil er sich geweigert hatte, Begins Forderung nach einem formellen Friedensvertrag mit Israel nachzugeben. Wahrscheinlich würde kein Libanese diesen Gedanken leichtfertig abtun.

Amin Gemayel hatte noch kurz vor dem Tod seines Bruders einige Überlegungen bezüglich der libanesischen Prä-

32 Zwei Massaker im Libanon im Jahr 1976, die von von christlichen Milizen begangen wurden, weil in den Dörfern palästinensische Flüchtlingslager und die PLO angesiedelt waren. Anm. d. Übers.

33 Suleiman Franjieh (1910-92) war von 1970 bis 1976 libanesischer Präsident. Unter ihm begann der libanesische Bürgerkrieg, der von 1975 bis 1990 dauerte. Anm. d. Übers.

sidentschaft von sich gegeben. „Es würde niemandem dienlich sein", erklärte er gegenüber einem libanesischen Magazin, „wenn man die Präsidentschaft erlangen würde, aber die Republik verlöre." Aber genau das sollte sein Schicksal sein. Mit seinen großen Augen und seinem dichten, etwas zu langen und in der Mitte gescheitelten Haar sah Amin Gemayel eher wie ein Dandy aus und nicht wie der Vertreter einer Politikerdynastie. Er verfügte weder über die militärische Rücksichtslosigkeit noch die Fähigkeit zum Hass, die beide seinen Bruder ausgezeichnet hatten. Gemeinsam hatten die Männer nur, dass sie von Beruf Rechtsanwälte waren und sich während des Bürgerkriegs 1975-76 gegenseitig unterstützt hatten.

Auf furchtbare Weise passte der Granatsplitterregen, der während Amin Gemayels Wahl über Beirut niederging, allzu gut in dieses Bild. Nur die 21 Salutschüsse übertönten den lauten Knall, als das Munitionsdepot der libanesischen Armee knapp drei Meilen entfernt in die Luft flog. In der Armeekaserne von Fayadiye übernahm Amin Gemayel unter dem Donnergrollen massiver Explosionen das höchste Amt – mit 77 von 80 Stimmen. Als er in seinem weißen Anzug unter dem Porträt seines ermordeten Bruders stand, gelobte er, seinem Land Frieden zu bringen und „die Kriege anderer" im Libanon auszumerzen, ohne dass er die Israelis, Palästinenser und Syrer namentlich erwähnte. Ernst und zögerlich brach er mit seinem Nachrichtenoffizier der Armee zum Mittagessen mit Philip Habib auf, der in der idealen Position war, ihn mit den Realitäten der Macht vertraut zu machen.

Diese Wirklichkeit umfasste natürlich nicht die gesamte Macht Amin Gemayels, sondern nur die Beschränkungen, die ihr durch die Präsenz der Armeen, die sein Land besetzt hatten, auferlegt waren. Er musste darauf achten, sie nicht vor den Kopf zu stoßen, sie vielmehr für sich gewinnen, mit ihnen verhandeln und sich mit ihnen zusammentun, um das Ziel zu erreichen, das er verkündet hatte – das gleiche Ziel, das nun auch die zurückkehrende multinationale Schutztruppe anstrebte: „Einen starken, unabhängigen, souveränen Staat zu schaffen, der in der Lage wäre, die Freiheiten der Bürger zu schützen und den Rückzug aller ausländischen Armeen vom Boden des Heimatlandes zu bewirken."

Die Toten, die man in Schatila gefunden hatte, wurden in einer Zeremonie mit großer Trauer und einem Übelkeit erregendem Gestank auf einem kleinen Stück Land rechts vom Lagereingang begraben. Die Toten waren in Leichentücher gehüllt in die Grube gelegt worden, die mit einem Bulldozer zugeschüttet wurde.

Einer der wenigen Israelis, die zur Zeit des Massakers ein detailliertes Tagebuch über die Ereignisse geführt hatten, war Bruce Kashdan, ein kahlköpfiger Beamter des israelischen Innenministeriums, der dem AP-Fotografen Bill Foley frappierend ähnlich sah. Zu Kashdans Vergnügen und Foleys Verärgerung wurden die beiden Männer manchmal miteinander verwechselt. Als das Massaker passierte, hielt sich Kashdan in der nahe gelegenen Stadt Baabda auf, und er berichtete vor der Kahan-Untersuchungskommission wie ihn Morris Draper, der US-Diplomat in Ost-Beirut, am 17. September anrief, um ihn zu warnen, „dass es entsetzliche Folgen haben könnte, wenn die Phalange in West-Beirut eingesetzt würde". Kashdan erläuterte, man habe ihn nach Drapers Anruf nicht darüber informiert, dass die Phalange in die Lager eingedrungen war.

Am Samstagmorgen um 10 Uhr erhielt er jedoch einen weiteren Anruf von Draper, der erklärte:

„Sie müssen die Massaker stoppen. Was dort geschieht, ist obszön. Ich habe einen Beamten im Lager, der die Toten zählt. Sie sollten sich schämen. Die Situation ist scheußlich und grausam. Die töten Kinder dort. Sie haben absolute Kontrolle über das Gebiet, und deshalb sind sie auch verantwortlich für dieses Gebiet."

Kashdan wurde später dem neuen israelischen „Verbindungsbüro" zugeteilt, jener im Entstehen begriffenen diplomatischen Dienststelle, von deren Büro aus man den mediterranen Norden Beiruts überblicken konnte und von der die Israelis – in ihrem träumerischen Optimismus – dachten, sie würden daraus irgendwann eine vollwertige Botschaft machen können. Ich kannte Kashdan und ich mochte ihn. Er war offenbar zutiefst entsetzt über die Massaker, und ich fragte mich, wie er wohl über die Verantwortlichkeit dachte, für das, was geschehen war.

Ich saß in seinem Büro, die israelische Fahne flatterte auf dem Dach, und fragte ihn, was seiner Meinung nach die Opfer des Holocaust über den Anblick von Schatila gesagt hätten. Was hätte Anne Frank dazu gesagt? Ihr Tagebuch, das ich zum ersten Mal als 12-Jähriger in der Schule las, habe doch gezeigt, dass sie an das grundsätzlich Gute im Menschen glaubte. Sie starb 1945 an Typhus in Bergen-Belsen, nachdem sie an die Nazis verraten worden war. Was hätte Anne Frank wohl gesagt, so fragte ich weiter, wenn sie mit mir zusammen am Morgen des 18. September durch den Eingang von Schatila gegangen wäre und gesehen hätte, was ich dort sah?

Kahsdan dachte lange Zeit über meine Frage nach. „Nun", sagte er dann, „ich glaube nicht, dass sie es verstanden hätte. Der Libanon ist ein komplizierter Ort." Wir sahen einander an. Er muss gewusst haben, wie unbefriedigend, wie ausweichend seine Antwort war. Anne Frank hatte mit Abscheu darüber geschrieben, wie die Deutschen geplant hatten, Utrecht von den Juden zu „säubern". „Als ob die Juden Kakerlaken wären", schrieb sie in ihrem Tagebuch, und verwendete dabei das gleiche Wort, das General Rafael Eitan kurz nach seiner Pensionierung für die Palästinenser im Westjordanland benutzte.[34] Nein, ich bezweifelte sehr, dass Anne Frank nicht verstanden hätte, was in Schatila

---

34 Als Eitan 1983 vor einem Ausschuss der israelischen Knesset aussagte, prahlte er damit, dass, nachdem Israel seine Siedlungen im Westjordanland weiter vermehrt hatte, „alles, wozu die Araber in der Lage sein werden, ist, herumzukrabbeln wie besoffene Kakerlaken in einer Flasche". Aus: *The Times* vom 15. April 1983.

passiert war. Ich hatte ein ziemlich klare Vermutung, was sie gesagt hätte. Und Kashdan, glaube ich, sicher auch.

Tveit und ich setzten unsere Ermittlungen fort. Wir sprachen erneut mit den Überlebenden. Dabei hörten wir eigenartige Geschichten. Foley erfuhr, dass ein israelischer Fotograf glaubte, eines der Massakeropfer sei eine jüdische Holocaustüberlebende von Auschwitz gewesen. War das wirklich möglich? Die Frau sei 1946 mit anderen jüdischen Immigranten nach Palästina gereist, so die Legende, habe aber einen Araber geheiratet, sei 1948 mit ihm ins Exil gegangen und habe sich schließlich in den Slums von Schatila niedergelassen. Jemand hätte auf ihrem Unterarm die tätowierte Nummer des KZ Auschwitz gesehen, fuhr die Geschichte fort. Die Phalangisten hätten sie am 17. September verschleppt, erschossen und in ein Massengrab geworfen. Foley hat diesen Fotografen nicht wiedergetroffen. Wir konnten diese Geschichte nie bestätigen.

In den Jahren nach dem Massaker kehrten wir regelmäßig am Jahrestag ins Lager zurück, um mit den Überlebenden zu sprechen. Einige erzählten uns, die Israelis seien während des Gemetzels zusammen mit der Phalange im Lager gewesen. Viele ältere Palästinenser verstanden und sprachen Hebräisch und gaben an, sie hätten während des Massakers mit Israelis gesprochen. Waren die Israelis also doch im Lager gewesen?

Im Laufe der Jahre gab es noch mehr Tote und weitere Zerstörungen in Schatila. Granaten fielen auf die Massengräber von den Hunderten Opfern des Jahres 1982.

Scheherezade Faramarzi, eine iranische AP-Reporterin, hatte Freundschaften mit etlichen Palästinenserinnen geknüpft, mit ihnen stundenlang über ihre Erinnerungen gesprochen und sie dazu gedrängt, ihre Erlebnisse immer wieder zu erzählen. Um zu sehen, ob es nicht noch Einzelheiten, winzige Fakten gab, die wir übersehen hatten.

September 1984. Sawssan, 14 Jahre alt: „Ich wünschte, die Phalange würde herkommen, damit ich sie mit meinem Messer töten und Rache nehmen kann. Die *Kata'ib* [Phalange] hat meine drei Brüder umgebracht, meinen Großvater, meine beiden Onkel". Amneh Shehadeh, 40 Jahre alt, geboren in Khasayer nahe Haifa: „Ich wünschte, ich hätte den Körper meines Sohnes gefunden. Ich wünschte, ich hätte ihn tot gesehen und ich will wissen, wer ihn getötet hat, damit ich dem Mörder das gleiche Verbrechen antun kann. Es waren auch Juden hier. Die hatten mehr Gnade als die *Kata'ib*. Wären die Juden nicht gewesen, wären alle Frauen, Mädchen und Kinder umgebracht worden. Hier war ein Jude, ja, hier während des Massakers, und der hat gesagt: ‚Kommen Sie, kommen Sie, *Madame, Madame*, mit dem Baby hier entlang!' Ein *Kata'ib*-Mann war hier, der trug eine Maske mit Löchern, durch die man seine Augen sehen konnte."

Die Frauen sprachen in einem wehklagenden Ton, der sich zu gellenden Schreien steigern konnte, wenn sie beim Erzählen an den Punkt ihrer persönlichen Katastrophe anlangten. Um Hussein, 36 Jahre alt. Ihr Ehemann Hamid Mustafa Khalifeh, 39 Jahre alt, wurde zusammen mit den beiden Söhnen während des Massakers getötet. Sie muss für acht überlebende Kinder sorgen. Sie hat feine Gesichtszüge, und wie sie mit uns spricht, lächelt sie so freundlich, als wolle sie uns vor ihrem eigenen Schicksal schützen.

„Ein paar Leute haben Mitleid mit mir und helfen mir, aber mir fällt es schwer, mich an das neue Leben zu gewöhnen, in dem mir nichts geblieben ist. Ich bin daran gewöhnt, wie eine Dame behandelt zu werden, ausgeführt zu werden und dass mir die Tür aufgehalten wird. Jetzt wurden mir meine Flügel gebrochen, zerschmettert. Mein Mann und die beiden Jungen waren meine Stützen, meine Hilfe. Man könnte auch sagen, mein Haus ist eingestürzt. Wenn ich fröhliche Leute sehe, werde ich traurig. Mein Sohn Mohamed verlangt immer nach seinem Vater. Er wartet auf ihn am Tor oder am Fenster und streckt seine Hände nach ihm aus. ... Ich fühle mich ausgelaugt, meine Hände zittern. Ich kann zu Hause nicht arbeiten, kann das Haus nicht kehren oder putzen. Ich fühle mich immer so einsam. ... Ich versuche den Ort zu meiden, an dem sie umgebracht wurden. Ich erinnere mich, wie Husseins Kopf, sein Körper hin und her gestoßen wurden. Ich bin sogar umgezogen, um diesen Ort nicht mehr betreten zu müssen. Jeden Montag und Donnerstag gehe ich zum Friedhof, um für ihre Seelen zu beten. Sobald mir ihre Gesichter einfallen, gehe ich hin. Es ist am Donnerstagnachmittag passiert, um sechs Uhr, der schwarze Tag. Sie haben sie einfach gegriffen und umgebracht. Ich bete, wenn ich auf dem Friedhof bin. Ich spiele ihnen den Koran vom Band ab. Ich weine. Ich nehme Blumen mit und wenn ich zur Grabstätte gehe, werfe ich sie auf den Boden. Ich weiß nicht, wo mein Mann und meine Jungen liegen. Ich wünschte, ich wüsste, wo sie begraben sind, dann könnte ich ihre Fotos hinstellen und einen Grabstein aus Marmor aufstellen, den ich dann ab und zu abwaschen würde. Aber ich weiß, dass sie dort sind. Wenn ich zum Friedhof gehe, werfe ich die Blumen einfach hoch und hoffe, dass sie auf die richtigen Stellen fallen."

Abriss des libanesischen Bürgerkriegs bis zum September 1982

1970: Verbände der PLO werden im „Schwarzen September" aus Jordanien vertrieben und lassen sich im Libanon nieder. Bereits 1948 waren zahlreiche Palästinenser vor den israelischen Truppen in den Libanon geflohen.

13. April 1975: Aus Rache für einen Anschlag auf eine christliche Kirche töten Milizionäre der maronitischen Phalange 27 palästinensische Passagiere eines Buses in Beirut. Dies gilt als offizieller Beginn des libanesischen Bürgerkriegs. An den Kämpfen beteiligen sich zwei breite Bündnisse: Auf der einen Seite die „Libanesische Front", bestehend aus rechtsgerichteten, überwiegend christlichen Parteien mit der Phalange (auch „Kata'ib" genannt) an der Spitze; ihre Gegner, palästinensische Guerillas, Nasseristen, Baathisten, Drusen, Muslime und Linke schlossen sich unter dem Namen „Libanesische Nationalbewegung" zusammen.

Juni 1976: Nachdem die Libanesische Nationalbewegung weite Teile des Libanon unter Kontrolle gebracht hat, entsendet Syrien 30.000 Soldaten in das Nachbarland, um die christliche Regierung an der Macht zu halten.

März 1978: Bei einem Überfall eines palästinensischen Kommandos am 11. März auf ein Kibbuz in der Nähe von Tel Aviv werden 39 Israelis getötet. Drei Tage später überqueren 25.000 israelische Soldaten die Grenze zum Libanon. In der „Operation Litani" soll die PLO aus dem Südlibanon vertrieben werden.

Am 19. März verabschiedet der UN-Sicherheitsrat auf Vorschlag der USA die Resolution 425, die für einen Rückzug Israels aus dem Libanon eintritt und eine 4.000-Mann starke UNO-Truppe für den Südlibanon vorsieht. Die UNIFIL (United Nations Interim Force in Lebanon) sollte ursprünglich nur sechs Monate stationiert sein – sie befindet sich nach wie vor im Land.

13. Juni 1978: Israel zieht sich größtenteils aus dem besetzten Gebiet zurück und überlässt die Kontrolle darüber der „Freien Libanesischen Armee" (FLA) (später „Südlibanesische Armee"/SLA) von Major Saad Haddad. Sie begeht zahlreiche Massaker in der Region und bekämpft zuerst die PLO und ihre Verbündeten, nach 1982 die neue schiitische Kraft der Hisbollah.

1. Juli 1978: Die syrische Armee beschießt christliche Viertel in Ost-Beirut, der heftigste Zwischenfall im Bürgerkrieg seit zwei Jahren.

Februar 1982: In der syrischen Stadt Hama wird eine Revolte der Muslimbrüderschaft von der Armee unterdrückt. Die Kämpfe fordern zwischen 20.000 und 40.000 Opfer.

6. Juni 1982: Unter dem Verteidigungsminister Ariel Sharon beginnt die zweite Invasion des Libanon, genannt „Operation Frieden für Galiläa". In nur zwei Monaten kämpft sich die israelische Armee vom Süden aus bis nach Beirut vor und zerstört dabei auch zahlreiche Flugzeuge der syrischen Armee.

Nachdem israelische Truppen West-Beirut umzingeln, kommt es zu Verhandlungen zwischen der PLO und Israel, das einen Abzug der palästinensischen Kämpfer fordert.

24. August 1982: Die sogenannte „Multinational Force of Lebanon" (MNF) bestehend aus Soldaten der USA, Frankreichs, Italiens und Großbritanniens trifft in Beirut ein, um den Abzug der PLO zu überwachen.

30. August 1982: Unter der Führung von Yassir Arafat verlassen etwa 6.500 PLO-Kämpfer die Stadt und werden zum Großteil nach Tunesien verschifft.

14. September 1982: Der libanesische Präsident und Anführer der Phalange, Bashir Gemayel, wird durch ein Attentat getötet.

15. September 1982: Die israelischen Truppen marschieren in West-Beirut ein.

16. bis 18. September 1982: Unter den Augen und mit Unterstützung der israelischen Armee überfällt die Phalange die palästinensischen Flüchtlingslager Sabra und Shatila in Beirut. Nach dem Abzug der PLO halten sich größtenteils Zivilisten in den Lagern auf. 2.000 bis 3.500 Menschen fallen dem Massaker zu Opfer.

ISBN 978-3-85371-321-1, 320 Seiten, 19,90 Euro